Celso Martins
(Compilador)

Um Pouco mais sobre Mediunidade

Capivari-SP
— 1989 —

Um Pouco Mais Sobre a Mediunidade
4ª edição — Julho/1995 — Do 6,6º ao 9,5º milheiro

Capa:
Ilustração de Miriam M. Prestes (P. Alegre-RS)

Arte-Final:
Almir Bet (Capivari-SP)

Edição e Distribuição

EME
EDITORA

Maria Izabel Braghero de Camargo - Editora-ME
Rua Madre Valéria, 903 - Caixa Postal 93
Cep 13360.000 - Capivari-SP - Fone/Fax: (0194) 91-3878

Um Pouco mais sobre Mediunidade

(Artigos e crônicas sobre mediunidade)

Escritores e Jornalistas Espíritas

Celso Martins
(Compilador)

EME
EDITORA

Ficha Catalográfica

Martins, Celso
M342p Um Pouco Mais Sobre Mediunidade; por Celso Martins e outros. Capivari - SP, Gráfica Editora do Lar ABC do Interior, 1ª Edição, 1989; Editora EME a partir da 3ª edição, Capivari-SP, 1993.
101p.
1 - Espiritismo — Mediunidade
2 - Mediunidade — Espiritismo
CDD 133

ÍNDICE GERAL

Um Pouco Mais Sobre a Mediunidade

EXPLICAÇÃO INICIAL

Muito fácil explicar a você, leitor amigo, como me surgiu a idéia de organizar este livrinho.

Foi em janeiro/fevereiro de 1987. Estava a elaborar os originais de uma pequena obra sobre fatos mediúnicos, a pedido de uma outra editora, justamente a Ediouro (Tecnoprint S.A.). Farto material foi então por mim consultado. Evidentemente, não pude na ocasião incluir tudo o que me veio às mãos no referido trabalho. Era material de excelente qualidade, sim, e em farta messe. Mas seria muito para um opúsculo só, destinado à difusão do Espiritismo junto ao povo em geral, ao público não-espírita. Deveria então ser um livrinho simples, de leitura direta, objetiva, "de fácil digestão", como tenho por hábito dizer aos meus amigos mais íntimos.

No entanto, não achei prudente devolver aos arquivos do esquecimento as páginas que você lerá a seguir. Cá estão valiosos depoimentos de autores credenciados como um Deolindo Amorim, um Luciano dos Anjos, um Jorge Rizzini, um Mário Tamassía, um Aureliano Alves Netto, até mesmo um Leopoldo Machado, entre outros companheiros que muito deram e ainda dão de si mesmos para a divulgação de nossos ideais doutrinários. Cá estão dados curiosos e interessantíssimos sobre Tiradentes, sobre as casas assombradas, sobre o Papa Pio IX e casos congêneres de curas espirituais, da ação dos Espíritos, etc...

Nasceu desta maneira a idéia de reunir em livro tão oportuno material que já apareceu ao longo dos anos em diversos jornais e revistas que não podem ser manuseados com facilidade, mesmo pelo leitor mais interessado nestes temas. Creio que terão, por isso mesmo, maior penetração didática.

Como você está vendo, caro leitor, a rigor não sou o autor deste livrinho. Sou apenas o seu compilador, o que já me deixa muito honrado. Compilador e nada mais que isto! E dar-me-ei por feliz se esta leitura trouxer a você algum proveito em seu desejo de conhecer algo mais sobre a Mediunidade.

CELSO MARTINS.

A TERAPIA PSÍQUICA PROSSEGUE NA UNIÃO SOVIÉTICA

Henrique Magalhães

A Curadora Psíquica BARBARA IVANOVA prossegue sua terapêutica psíquica na União Soviética, apesar de forte resistência das autoridades.

A revista "Light", publicada pelo "College of Psychic Studies" no seu primeiro trabalho sobre a parapsicologia na União Soviética, publica um artigo de Barbara Ivanova, eminente parapsicóloga, que no seu país foi uma das primeiras cientistas a ensinar e proferir conferências sobre "como estimular a bio-energia" — cura espiritual — e **informação intuitiva,** designação esta para a **clarividência.**

Entre 1972 e 1975, esta curadora ajudou a organizar com a parapsicóloga Larissa Vilenskaya quatro grupos oficiais que estudavam o paranormal e posteriormente foram encerrados "por diversos pretextos e uma série de acusações".

Durante esses anos, diz-nos Barbara, exemplificamos a cura de multidões e os processos de harmonização dessas multidões, numa fábrica de Moscou. A partir dessa data, ou seja, 1975, não existem quaisquer grupos desse gênero, mas tão somente os grupos oficiais são permitidos. "Nas raras ocasiões em que recebo autorização oficial, faço demonstrações e explico os meus métodos de **cura espiritual para todos,** em institutos e clubes científicos, fazendo conferências sobre outros aspectos da parapsicologia". Além dessas demonstrações, Barbara explica como trata os doentes, preferindo nos últimos anos curar multidões, muitas vezes a longa distância e até pelo telefone. "Recebo chamadas quase todos os dias de todo o país e também de outros países, como a Alemanha, Itália, Portugal, etc. Utilizando nestes processos de cura a distância a clarividência no processo de cura, como uma espécie de bio-feedback: Vejo, não externamente mas interiormente ao que chamo efeito quase óptico, resultado de minha influência, a mente e o corpo do doente, tanto estática como dinamicamente e assim posso ter melhor controle sobre o processo de cura".

Ivanova revela ainda como emprega a reencarnação e a regressão da memória na cura espiritual, sublinhando que não usa a hipnose, mas apenas uma forma ligeira de alteração do estado de consciência.

Embora tenham sido registradas várias curas **miraculosas** Ivanova sente que o mais importante na cura espiritual é, em geral, **elevar o nível moral.** Descreve a terapia espiritual como o **resultado da interação da energia-informação entre biocampos**, ao que chama **bio-ressonância selectiva,** acrescentando: "Os curadores emitem impulsos para os doentes que podem estar muito longe, e não sabendo o que eles sentem, embora as suas sensações subjetivas sejam invariavelmente as mesmas: calor, frio, ou algo como que uma corrente elétrica de baixa voltagem. A refução ou eliminação completa da dor pode acontecer quase imediatamente, embora nalguns casos isso suceda passada meia hora de repouso ou mesmo depois dum bom sono. Isso pode verificar-se com equipamento próprio".

Ivanova descreve também, como em sua opinião funciona a cura de multidões: "Parte das irradiações emitidas pelo curador espiritual são reunidas, pelo seu poder de vontade devidamente treinado, num **feixe** ou **holofote**, como seja através duma lente. Pode então projetar esse feixe no doente através dum processo de ressonância seletiva e que não está ainda totalmente esclarecido. Esse **holofote** seleciona o seu alvo entre centenas de participantes na experiência, toma contato com ele telepaticamente e cura-o por um processo semelhante ao implícito na psicocinese (mente sobre a matéria).

"Para dar um quadro completo do meu trabalho e diagnóstico teria de escrever um livro, e isso por várias razões ainda não é possível fora da União Soviética. Talvez, um dia, possa mais detalhadamente expor os meus métodos de cura de multidões, assim como os seus resultados, caso obtenha autorização para, a seu convite, visitar alguns amigos e colegas de outros países. Seria bom poder demonstrar a verdade dos meus artigos publicados na imprensa estrangeira".

Apesar do alto nível dos seus conhecimentos no campo da parapsicologia e da qualidade das suas pesquisas científicas e das suas ligações, ativas e férteis com cientistas notáveis neste campo, tanto no seu país como no estrangeiro, Ivanova foi sujeita a tratamento impróprio quanto as suas realizações e categoria, tendo sido até despedida do emprego, forçada à aposentadoria prematura, privada do laboratório, ameaçada e perseguida... Contudo, cientistas oficiais aceitam os seus métodos e até preparam dissertações baseadas nas suas descobertas, as quais estão classificadas como secretas!

Porém, está a surgir uma nova tendência. São os independentes que estão a informar a opinião pública e a inspirar-lhe grande interesse no campo da parapsicologia.

As conferências de Ivanova atraem muito público que assim corresponde entusiasticamente, recolhendo os seus vastos conhecimentos e que ela reparte com tanta facilidade. As suas generosas atividades encorajam o desenvolvimento dum rebento que nasce e que é, uma ciência ainda débil, mas, ao mesmo tempo, tão vetusta como o próprio mundo.

(Fonte: Revista **Estudos Psíquicos**, de Lisboa).

O GUARDANAPO DE HITLER

Aureliano Alves Netto

Só o real é contraditório.
Assis Chateaubriand

Um sábio — Alexis Carrel — entende que certos indivíduos são dotados de um elemento psíquico capaz de viajar no tempo e no espaço. À maneira do "inseto que se afasta do quadro e, a voar, o contempla de cima".

Ocupemo-nos de um fato, em abono dessa concepção.

Reproduzida do **Psychic News,** de Londres, o jornal O CLARIM, de São Paulo, edição de fevereiro de 1964, publica curiosa notícia, que assim se resume.

Pouco após a última guerra mundial um turista inglês encontrou, nas proximidades do abrigo de Hitler, em Berlim, um guardanapo, sujo, com vestígios de fogo e muito amarfanhado, já que fora pisoteado por inúmeros transeuntes.

Como todo turista que se preza, o fleumático **globe-trotter** logo pressentiu no achado a possibilidade de um **souvenir.** No que se não enganara, dado que, num dos cantos do paninho quadrangular, viam-se, finamente bordadas as iniciais de Adolf Hitler.

Levado para Londres o guardanapo, foi ele cuidadosamente dobrado do jeito a que as iniciais ficassem encobertas e, sem demora, submetido a testes de psicometria ou, para usarmos a expressão da moda: a investigações parapsicológicas.

O primeiro médium que nele tocou descreveu, num instante, a estatura e os traços fisionômicos do outrora todo poderoso Führer. "Mencionou o pequeno bigode, o rosto pálido, a mecha de cabelos rebeldes, e o descreveu como um homem que falava gritando, com maneiras exaltadas".

Posteriormente, outro médium, ao estabelecer contato com o guardanapo, desconhecendo-lhe a proveniência e as iniciais, "fez alusão a violência, referindo-se a um homem quase enlouquecido e muito infeliz. Forneceu, em seguida, uma descrição física rigorosa de Hitler, viu-o atirando com um fuzil e terminou a experiência declarando que era melhor para o mundo que esse homem estivesse morto"...

O relato acrescenta que o teste revelou ainda a morte de três crianças. Detalhe positivado, pois, ao que se soube, os três filhos de Goebbels haviam perecido naquele mesmo abrigo.

Fenômenos dessa espécie não são ocorrências de todos os dias, como não são freqüentes os eclipses, as erupções vulcânicas ou os abalos sísmicos, e nem por isso deixam de ser verdadeiros.

Já dizia o filósofo americano William James: "se quiserdes destruir a lei de que todos os corvos são pretos, não é necessário procurar demonstrar que não há corvos; basta mostrar que há um branco".

Para os eternos céticos dos extraordinários poderes do Espírito, aí está um autêntico "corvo branco".

(Fonte : Mundo Espírita — Curitiba-PR).

PRESENÇA ANGELICAL

Antonio F. Rodrigues

"Quando o aluno está preparado, o mestre aparece".

Certa ocasião, não importa quando, recebemos uma visita. Era uma personagem singular, tanto na aparência como na indumentária. Suas atitudes impressionavam pela harmonia e discrição; cativava pela afabilidade e simpatia, mas principalmente pelo olhar sereno e fascinante, que impunha respeitosa autoridade. Quando falava, dizia o estritamente necessário, usando palavras brandas e afetuosas. Não criticava ou injuriava, mas procurava destacar o belo das pessoas, coisas e fatos. Enaltecia as virtudes e silenciava sobre os vícios. A conversação era amena, focalizando os aspectos belos da vida. Diante de tal comportamento, o ambiente se elevou e passamos a sentir algo indescritível, como se estivéssemos levitando. Uma sensação agradável nos invadia e emocionava, como se estivéssemos perante um enviado celestial. Ele inquiriu de forma gentil sobre os nossos problemas e nos encorajou em nossas tarefas. Não interrompemos as suas palavras porque não queríamos perder uma única sílaba, tal a propriedade de que elas se revestiam. Ficamos extasiados diante de tal sabedoria, porque apesar do conteúdo elevado, era inteligível e assimilável.

Mas quem era essa pessoa extraordinária! Um alienígena? Não. Era nosso anjo guardião que nos visitava em um desses raros momentos em que nos desdobramos, abstraindo-nos dos problemas materiais e nos extasiando diante da grandeza de Deus e de sua portentosa obra. Isto é possível, desde que nos libertemos das preocupações rasteiras e passemos a nos dedicar a uma educação mental. Sentimos a presença desses abnegados protetores, primeiramente como uma sensação agradável que nos envolve suavemente. Sua imagem se destaca da luminosidade que lhe marca a presença e passamos a contemplar sua figura serena e compassiva. Sua visita nos encoraja e robustece. Seu olhar é uma mensagem de esperança e vitória.

Isto não é uma miragem ou sonho imaginário, mas uma realidade, graças a um trabalho de autocontrole, procurando superar as nossas inclinações inferiores e cultivar o lado bom das coisas. "Aquele que acende a lâmpada é o primeiro a se iluminar", porque a vinda de nossos mentores depende do nosso primeiro passo, graças a esforços em cultivar as boas ações e eliminar as quedas mentais. "Procuremos a luz e as trevas desaparecerão".

Sejamos altruístas e estaremos amparados pelos que nos desejam o bem. Essa presença será notada, se para isso fizermos jus; entretanto, essa percepção exige sacrifícios e renúncias, o que nem sempre é uma opção agradável para aqueles que ainda não estão maduros para a vivência cristã. A escolha é nossa: ou permanecemos vinculados aos interesses materiais, ou marchemos para a libertação da ignorância.

PSICOFONIA

J. D. Inocêncio

Psicofonia é como o próprio termo indica: a fala dos espíritos através dos médiuns.

— Novidade?

— De forma alguma!

— Criação do Espiritismo?

— Não, fato normal desde que a Doutrina dos Espíritos trouxe a explicação simples e racional, do que até então parecia sobrenatural. Os fatos estão registrados desde a mais remota antigüidade e cabe sempre relembrar que a consulta de Saul à pitonisa de Endor, o dia de Pentecostes e as práticas dos cristãos dos três primeiros séculos de nossa Era, não foram fatos sobrenaturais, senão para a ignorância na época e para os que têm ainda hoje, interesses subalternos.

— — —

O médium psicofônico pode ser classificado em consciente, semi-consciente e inconsciente.

Consciente é o que tem conhecimento do que está sendo transmitido por seu intermédio, e do que se passa em redor. Pela combinação das forças nervosas há a transmissão do pensamento, que tanto se pode dar a curta, como a longa distância.

Na mediunidade consciente, a transmissão das mensagens se dá muitas vezes, no próprio estilo e com as palavras próprias do médium, importando a fidelidade da comunicação da idéia. Assim como uma quantidade de água, colocada em uma garrafa, num copo, num vaso quadrado, não se transformará em outro elemento, salvo se um desses recipientes contiver, também, uma substância que a altere, também uma mensagem não perderá o seu valor real, desde que respeitada a integridade do pensamento do autor.

Quando há interferência do pensamento do médium ocorre o chamado fenômeno do animismo, o que tem levado alguns candidatos ao desenvolvimento mediúnico ao desalento e à improdutividade, por falta de compreensão e de confiança. O animismo só é condenável, se consciente, pois nesse caso é mistificação.

Na mediunidade semi-consciente, o intermediário fica, nos momentos do evento, semi-adormecido, havendo combinação perispiritual entre o espírito. Não chega a haver o afastamento do espírito do médium e sim uma espécie de inibição, o que possibilita ao desencarnado senhorear-se, parcialmente, das cordas vocais do medianeiro. Ainda aqui, há possibilidade de interferência da mente do médium.

Inconsciente é a psicofonia de incorporação, própria, assegurada defesa contra a ocorrência de interferência do médium, o espírito deste se afasta, ficando ligado ao corpo físico por um laço fluídico (perispiritual), permitindo que o comunicante se incorpore, assumindo, destarte, temporariamente, o comando das ações. Na mediunidade inconsciente, é imprescindível perfeita afinidade vibratória, ficando o médium "em transe".

Os médiuns são responsáveis, sempre, pela mediunidade que possuem.

A todos é indispensável a luta constante pela transformação íntima, o que será conseguido através do entendimento da Doutrina Espírita e do Evangelho no coração. Nos médiuns inconscientes, porém, essa tarefa tem maior amplitude, pois não têm a faculdade de filtrar o que está sendo transmitido, como acontece aos conscientes e aos semi-conscientes. O seu controle é, por assim dizer, remoto e, em razão de sua transformação moral fica-lhe assegurada defesa contra a incursão de entidades da sombra e em casos de espíritos inferiores ou maléficos, que lhe ocupem o veículo carnal, tem o médium inconsciente a proteção dos guias e protetores espirituais.

Há entre os médiuns psicofônicos alguns com aptidões especiais, destacando-se os poliglotas, isto é, os que falam em idiomas que desconhecem na atual encarnação. Essa mediunidade tem o nome de xenoglossia.

(Fonte: Jornal **Unificação**, de São Paulo).

MÉDIUM QUE FALA A LÍNGUA DOS FARAÓS

(Reformador)

Graças à gentileza do prestimoso confrade Olavo A. Oliveira, chegou-nos às mãos o número 13 da revista alemã — "**Neue Jllustrierte**", publicada em Köln.

Ocupando duas páginas (12 e 13), com vários clichês ilustrativos, a revista apresentou, sob o título **"Wie vor 5.000 Jahren"** (Como há 5.000 anos), o curioso fato que "Reformador" de Novembro registrou a página 254, relativo à mediunidade xenoglóssica da Sra. Jacqueline Mallay.

Baseados no relato feito por esse periódico alemão, teceremos de novo um resumo dos acontecimentos, juntando alguma coisa que não foi mencionada anteriormente.

A Sra. Mallay, casada com um açougueiro parisiense, de boa saúde e inteiramente normal, é jovem mãe de três crianças, que têm a idade de 11, 7 e 4 anos.

Em meados do ano passado, ela e alguns senhores foram ao encontro do Dr. Azoulay e lhe apresentaram uma gravação que a jovem médium gravara em transe.

O Dr. Azoulay é, na França, muito popular. Em programas de televisão ele recebeu diversos prêmios pelos seus trabalhos acerca do Antigo Egito e pela sua tradução da Bíblia. É um sábio que domina catorze línguas, entre mortas e vivas.

Mal ouvira os primeiros sons registrados pela fita, o Dr. Azoulay pulou emocionado e foi buscar grosso livro de sua biblioteca. Não havia mais dúvida: Jacqueline, a mulher do açougueiro, que tivera apenas instrução secundária, falara, em 1958, a língua secreta dos faraós de há 5.000 anos!

Segundo os egiptólogos, era um idioma desconhecido do povo, e só o faraó e os grão-sacerdotes se utilizavam dele, idioma que os escravos alcunharam de "língua dos deuses". Poucos livros existem sobre esta língua e, dentre os raros homens que a conhecem, se destaca o Dr. Azoulay.

Este sábio egiptólogo realizou uma experiência com a médium. A revista **"Neue Jilustrierte"** assim descreve o que se passou:

"Sob enorme esforço corporal e arrepios por todo o corpo, caiu Jacqueline em transe. Sua respiração enfraquece cada vez mais... e eis que ela move os lábios, sem esforço. Fala com voz gutural, o que parece não ter sentido, e depois se cala. Após 10 minutos de concentração, ela pronuncia, na língua dos faraós, as primeiras palavras, que a pouco e pouco vão adquirindo ritmo. Só o Dr. Azoulay compreende o significado delas. Por fim, a voz da médium se vai espaçando, até cessar. Querem acordar Jacqueline. Isso é impedido a tempo. De novo torna ela a falar: sua voz mudou radicalmente. Faz lembrar o monótono canto dos almuadens que do alto das almádenas chamam o povo à prece. O Dr. Azoulay também compreende este idioma: é um dialeto árabe, ainda hoje falado. Cessa, outra vez, a voz. A médium está no fim de suas forças. O esforço despendido durante aquela meia hora foi tão grande que a jovem senhora precisa do auxílio de um médico".

Dias depois ela volta a viver, diante do Dr. Azoulay, o passado remoto, e três fotografias estampadas na revista alemã aqui mencionada, mostram a Sra. Jacqueline em três posições diferentes durante a manifestação de xenoglossia: em total concentração; desacordada; e num momento em que, de mãos postas sobre a fronte, parece sofrer uma grande dor de cabeça.

O caso, como era natural, atraiu a curiosidade de muita gente, principalmente porque a veracidade do fato era afirmada por um renomado sábio francês, respeitado em todo o Mundo.

Mas, ao que cremos, bem poucas pessoas se teriam lembrado de uma explicação racional para o singular fenômeno, e bem menor ainda as que teriam analisado a explicação fornecida pelo Espiritismo e que se baseia ou na vivência atual de reencarnações passadas, ou na atuação de forças inteligentes extraterrenas.

O fenômeno, contudo, pelo aspecto extraordinário de que se reveste, conhecido desde recuadas épocas, mencionado nos Evangelhos, testemunhado, no correr dos tempos, por sacerdotes de várias religiões (que no passado o incluíam exclusivamente entre as manifestações diabólicas), por estudiosos da Psicologia Experimental, da Metapsíquica, do Espiritismo, enfim, por um mundo de gente de todas as classes e profissões, deveria merecer, na época das bombas atômicas e dos satélites artificiais, uma atenção menos superficial por parte dos investigadores da Psicologia e da Psiquiatria, os quais ali certamente perceberiam algo bem mais profundo do que as simples conjecturas assinaladas em suas afirmações de afogadilho.

(Fonte: Revista **Reformador**, órgão oficial da FEB, Rio de Janeiro).

ESPÍRITOS NO ESTÚDIO DA EMISSORA

Miguel de Jesus Sardano

Manhã de novembro em Juiz de Fora, Minas Gerais. Era precisamente uma sexta-feira, dia da proclamação de nossa República.

A caravana que acompanhou Divaldo retornara, pela madrugada, de Ubá, onde Divaldo havia feito uma conferência e recebido o título de cidadania honorária, concedido pela Egrégia Câmara de Vereadores, em solenidade no Ubá Tênis Clube.

Divaldo sabia, apenas, que estava marcada uma entrevista "ao vivo", pela Rádio Capital de Juiz de Fora, no programa da consagrada radialista Helena Bittencourt, um programa diário que movimenta a atenção e o interesse da população local, no horário das 9 às 10:30 hs., com a participação dos ouvintes.

Helena Bittencourt iniciou seu programa com uma oração de gratidão a Deus e à Vida. É um programa que leva otimismo, esperança e conforto espiritual aos que o ouvem.

Divaldo foi recebido no estúdio pela radialista, com palavras carinhosas e generosas, referendando o trabalho e a dedicação daquele homem simples, que há 40 anos resolveu abraçar a fé espírita em seu coração, divulgando a mensagem do Evangelho pelo mundo. A radialista não conhecia pessoalmente Divaldo. Vira-o do auditório, em palestras anteriores. Agora, estava "vis a vis" com o tribuno e médium baiano.

— O programa hoje é seu, Divaldo. Os microfones estão abertos para você transmitir aos nossos ouvintes a mensagem que vier de seu coração, bem como responder às perguntas que, certamente, virão daqueles que nos ouvem neste momento.

Um número de telefone foi anunciado, para que os ouvintes formulassem perguntas ao entrevistado. Após a saudação a Divaldo, a dirigente do programa fez-lhe a primeira pergunta. Ele a respondeu de improviso, como sempre o faz. Aliás, Divaldo não traz anotações, não faz roteiros. Fala inspirado pelos Benfeitores Espirituais que o orientam. Responde tranqüila e serenamente, sem vacilar, a qualquer pergunta à luz do Espiritismo. Isto é uma constante na sua vida.

Em toda parte onde fala, há jornalistas, repórteres, radialistas que o entrevistam e a tônica é sempre a mesma: Divaldo responde no ato, por mais complexos que sejam os temas propostos. Em muitos anos que acompanho Divaldo, nunca o vi silenciar diante de uma pergunta, bem como nunca o vi consultar qualquer apontamento. As respostas são claras, diretas e na hora. Como é do conhecimento público, Divaldo cursou a escola primária e mais dois anos de escola normal rural, que é um curso inferior ao nosso antigo ginásio. Logo, ou estamos diante de um paranormal (médium) ou de um gênio, como escreveu o jornalista baiano Fernando Pinto.

Mas, voltando à entrevista do programa radiofônico a que me reportava, Divaldo continuou a responder às perguntas que chegavam pelo telefone e às da entrevistadora Helena Bittencourt, durante uma hora e meia. Uma das perguntas formuladas pela entrevistadora levou-nos a escrever este artigo.

—Divaldo, você vê Espíritos?

—Sim, responde o médium.

—Então, diga-nos: há algum Espírito aqui, neste momento? Indagou a radialista.

—Sim, respondeu Divaldo, há vários Espíritos aqui conosco. E enumerou alguns nomes de criaturas, que foram benfeitoras em Juiz de Fora. Algumas conhecidas dos presentes e outras, não.

De repente, Divaldo disse com ênfase:

—Há um Espírito que me chama a atenção, em particular. É um senhor magro, cabeleira alva, muito sereno. Chama-me a atenção seu traje. Está vestido com um terno, colete, muito distinto, como se fosse um traje domingueiro. A roupa está muito bem passada, colarinho engomado, gravata, como se tudo tivesse saído do cabide. Ele me diz que é seu pai e que se chama Benjamim. Que desencarnou há pouco tempo. Que era um homem de muita fé. Que estava vinculado à Igreja dos Santos dos Últimos Dias, isto é, ele era Mormom. Ele está me dizendo que a fé o salvou: que agora já entende melhor a vida espiritual onde se encontra.

Houve um profundo silêncio. Helena Bittencourt chorava discretamente, sem poder dizer uma palavra. A emoção tomou-lhe a fala. Aos poucos, soluçando, ela confirmava tudo. Disse que era tudo verdade. Que seu pai havia desencarnado há cerca de dois meses e que era realmente muito religioso e andava bem vestido, a barba bem cuidada, que pertencia realmente àquela religião.

Por alguns segundos, ainda soluçava, de voz embargada, pedindo desculpas aos ouvintes pela emoção que não pôde sopitar.

À esta altura, todos nós estávamos envolvidos num clima de grande emoção, o que, certamente deveria estar ocorrendo com todos os ouvintes que acompanhavam o desenrolar dos fatos mediúnicos no estúdio.

Minutos depois, a simpática radialista recobrava a voz e, mais uma vez, confirmava tudo.

—Meu pai e eu tínhamos uma grande afinidade, éramos muito ligados. Era um homem maravilhoso.

Era seu pai, mesmo; tudo conferia, a descrição fora perfeita. O nome, a barba, a cabeleira, a roupa, a recente desencarnação, a fé religiosa que professava.

Eu estava presente e a tudo assisti, no dia 15 de novembro de 1985, das 9 às 10 horas e trinta minutos, pela Rádio Capital, em Juiz de Fora, Minas Gerais.

(Fonte: "Alavanca" Jornal Espírita de Campinas-SP).

CHARCOT E AS EXPERIÊNCIAS ESPÍRITAS

Antonio F. Rodrigues

Há médiuns que se prestam para evocações de qualquer tipo de espíritos, desde os inferiores até os superiores, como acontecia com os da Sociedade Espírita de Paris, dirigida por Kardec. O mestre evocava quem bem quisesse, encarnado ou desencarnado, e o evocado atendia prontamente, conforme vemos nas crônicas inseridas na Revista Espírita. Mas houve casos dessa natureza mesmo entre pesquisadores não espíritas, como é o relatado no livro "Casos e Coisas Espíritas", de Francisco Klörs Werneck, editado pela "Eco", constante das páginas 42/43 e que passamos a transcrever na íntegra, para melhor avaliarmos a prova incontestável da comunicação de Espíritos superiores. E entre eles comunica-se Platão através da psicógrafa francesa Alcina, em Paris, escrevendo em grego antigo, quando o pesquisador Charcot o evoca para falar a respeito da semelhança que existia entre Alexandre, César e Napoleão, embora a médium desconhecesse tal idioma. Tal evocação é solicitada por Matias Duval, austero sábio, de grande inteligência, da Salpetrière. Eis o que a médium escreveu, com letra clara e bonita, com a maior desenvoltura, os caracteres gregos perfeitamente formados, na presença de diversos sábios: "Observai que, fisicamente, esses três homens se pareceram: estatura mediana, temperamento nervoso e exagerado, paixões imperiosas, vivacidade, soberba, talento geral extraordinário, tez morena, cabelos negros, mãos finas, expressão fácil sem verbosidade, eloqüência claríssima, resoluções firmes, atividade inesgotável, etc. Todas estas condições lhes foram comuns; suas obras de guerreiros e conquistadores idênticas; ambição única e igualmente arrebatadora: a dominação do mundo. Essa trindade teve uma única e mesma alma: foi Alexandre, foi César, foi Napoleão".

Outras comunicações foram feitas nessa ocasião, como a de Galeno, o pai da Medicina, que dissertou a respeito de sua primeira dissecção, dando brilhante explicação sobre o tema enfocado, também em grego antigo.

É natural que os Espíritos superiores não atendem às evocações sobre assuntos banais, conforme nos ensina o Espiritismo, mas quando se trata de pesquisas sérias, que visem o esclarecimento da humanidade, tal evocação é possível, conforme consta da questão 113 do Livro dos Espíritos.

Quanto à possibilidade de Platão ou outro espírito de escol comunicar-se é indiscutível, pois ele manifestou-se também em outras ocasiões, tendo sido, inclusive, um dos signatários do livro básico da Doutrina Espírita, juntamente com João Evangelista, Santo Agostinho, São Vicente de Paulo, São Luiz, o Espírito da Verdade, Sócrates, Fénelon, Franklin, Swendenborg e outros. Portanto não devemos estranhar que ele atendesse à evocação do famoso clínico Charcot (1825-1893), expoente da medicina do século XIX (no campo das doenças nervosas), porque visava acordar a humanidade para a realidade da sobrevivência do espírito e sua comunicabilidade com os encarnados.

Jorge Rizzini, em seu livro "Eurípedes Barsanulfo o Apóstolo da Caridade", também fala sobre uma comunicação de João Evangelista através do médium Aristides de Oliveira, analfabeto, que fez uma explanação de grande beleza sobre o Sermão da Montanha, causando a Barsanulfo grande emoção, pois ele tinha estudado esse tema, sem que chegasse a entender o significado profundo do mesmo. E a mensagem dirimiu suas dúvidas. Nessa ocasião manifestou-se também São Vicente de Paulo, através do médium Mariano da Cunha Junior. Vemos, portanto, que os Espíritos superiores se interessam pela nossa educação e também atendem às evocações que lhes são dirigidas pelos encarnados deste mundo de provas e expiações, desde que seja para fins construtivos, evidentemente.

MEDIUNISMO REVELADOR

Leopoldo Machado

O mediunismo tem sido o revelador de tudo. Das grandes religiões e dos fatos marcantes da História.

Conseqüentemente, de todas as grandes Revelações Divinas, que culminaram no Espiritismo.

A prática do mediunismo era tão comum em Israel, que nada se fazia sem a intervenção de Espíritos. Daí, o abuso de invocar espíritos — abuso hoje talvez bem maior — que levou Moisés a proibir a invocação de espíritos, embora ele mesmo dissesse a Josué: "Tomara Deus que toda Israel profetizasse".

A coisa mais fácil para Israel era a manifestação de Jeová, seu Deus-Espírito.

Era tão importante sua prática no Cristianismo que João Evangelista chega a advertir: "Caríssimos, não creais em todos os Espíritos, mas provais os Espíritos se vêm de Deus".

Daí, também, o bom senso de Allan Kardec aconselhar que "é preferível recusar noventa e nove comunicações verdadeiras a aceitar uma só falsa".

A mediunidade era tão natural na Igreja primitiva que Paulo de Tarso chega a traçar normas para os médiuns e para as comunicações. São os seus Dons Espirituais (I Cor. 12).

Mas, a Igreja Católica e Protestante houve por bem proibir a manifestação de Espíritos, com a concepção do Céu, Inferno e Purgatório, da primeira, do Céu e Inferno, para a segunda. Donde, seu "Spiritus que vadit non redit"...

O Espiritismo, revelado também pela mediunidade, classificou-a, metodizou-a, a fim de que toda gente, preparada suficientemente pela Doutrina Espírita, saiba separar o joio do trigo, que o homem, queira ou não queira, saiba ou ignore, é dirigido por Espíritos bons e maus, conforme seus pensamentos, suas obras, seus sentimentos, que "o Espírito tudo pode, até, penetrar à obra oculta de Deus", diz o Evangelho.

E Augusto Comte, apesar de seu materialismo, disse uma verdade espirítica, afirmando que "os vivos são sempre e cada vez mais governados pelos mortos".

(Jornal não identificado)

UMA APRECIAÇÃO CRÍTICA DA LITERATURA MEDIÚNICA

Aureliano Alves Netto

A crítica não cogita somente do que é original, mas, e principalmente, do que é substancial na obra de todo escritor.
(Perilo Gomes)

No Grupo Escolar São José, de Pedro Leopoldo, Chico Xavier, então com 12 anos de idade (nascera a 2 de abril de 1910), juntamente com seus colegas do 4.° ano primário, participa duma prova de redação, num concurso promovido pela Secretaria de Educação de Minas Gerais. Tema proposto: "Brasil". Toma da caneta e apresta-se, vacilante, para iniciar a escrita. Surge ao seu lado o vulto de um homem que, de pronto, lhe vai "soprando" as primeiras palavras da dissertação. O menino, usando de lealdade, consulta a professora e ela, sem bem entender o que acaba de ouvir, dá de ombros e ordena: — Prossiga!

Chico foi distinguido com a láurea de "Menção Honrosa" e passou a ser visto de través pelos seus companheiros de classe, que propuseram fosse ele submetido a um exame individual. Dessa feita, escolheram o assunto: "O grão de areia". Volta a fazer-se presente a estranha aparição, que diz: — Estou pronto para escrever.

E Chico escreve no quadro-negro: "Meus filhos, ninguém escarneça da Criação. O grão de areia é quase nada, mas parece uma estrela pequenina refletindo o Sol de Deus".

Aí já podemos identificar as primeiras expressões de sua prodigiosa mediunidade psicográfica.

No período de 1927 a 1931, recebeu centenas de mensagens, mas, por ordem dos amigos espirituais, destruiu-as quase todas, de vez que constituíam apenas "exercícios de psicografia". Salvaram-se poucas dessas produções, que foram publicadas em **O Jornal, O Jornal das Moças, Gazetas de Notícias** e **Aurora,** do Rio de Janeiro, e no **Almanaque de Lembranças,** de Portugal.

Apesar de sua instrução deficiente, sempre gostou muito de ler e, assim, com muito esforço (e a providencial ajuda de Emmanuel), conseguiu elevar um pouco seu nível cultural. Lia, aliás, os livros que conseguia por empréstimo, pois sua "biblioteca", nos idos da juventude, limitava-se a cinco livros: **O Evangelho segundo o Espiritismo, O Livros dos Espíritos, O Livro dos Médiuns, Memórias do Padre Germano** e **Depois da Morte.**

Confidenciou certa vez a Rafael Ranieri:

— "Eu só tive o Grupo Escolar, mas você sabe, convivendo com Emmanuel, que é um excelente professor, durante tantos anos, você não acha que mesmo sendo muito **burro** como eu sou, apesar disso, pude aprender alguma coisa? Emmanuel, meu filho, me ensinou até gramática!".

Ensinou-lhe também datilografia, segundo ouviu Elias Barbosa do próprio médium.

Só se pode falar, efetivamente, em obra literomediúnica de Chico Xavier, a partir de agosto de 1931, quando ele começa a psicografar versos de nada menos de 56 poetas desencarnados, brasileiros e portugueses. O que dá origem ao **Parnaso de Além-Túmulo,** livro-impacto editado pela Federação Espírita Brasileira, em 1932, que explodiu como uma bomba nos arraiais da crítica literária.

É certo que não faltaram os céticos e os detratores que alardearam ser a obra apócrifa, produto de deslavada mistificação. Chico Xavier seria habilidoso pastichador que teria escrito **à la manière de...,** seguindo as pegadas de Albert Sorel, Paul Reboux e Charles Muller.

Hipótese absurda que, afinal, importava em promover o mocinho de Pedro Leopoldo às culminâncias da genialidade, como bem se expressou na época, Monteiro Lobato: "Se o Chico produziu tudo aquilo, por conta própria, então ele pode ocupar quantas cadeiras quiser na Academia".

Manifestando-se, mais tarde, sobre o rumoroso caso da ação judicial (de que trataremos adiante) movida pela viúva Humberto de Campos contra Francisco Cândido Xavier e a Federação Espírita Brasileira, o escritor Mário Donato subscreve o pensamento de Lobato: "Pois se não admitirmos que o caso é milagroso, temos que levar Chico Xavier à Academia Brasileira de Letras — e, naturalmente, estamos mais dispostos a reconhecer-lhe amizades no Céu que direitos literários no Petit Trianon". (Só não admitimos essa estória de "caso milagroso", mas a expressão é de inteira responsabilidade do intelectual paulista).

No **Parnaso**, exibem-se composições de alcandorado estro, buriladas na técnica de várias escolas poéticas, como observa Manuel Quintão: "Romantismo, Condoreirismo, Parnasianismo, Simbolismo, aí se ostentam em louçanias de sons e de cores, para afirmar não mais subjetiva, mas objetivamente, a sobrevivência dos seus intérpretes".

Com efeito. Cada poeta, no estilo que lhe é peculiar, transmite a sua mensagem e extravasa o seu sentimento de maneira personalíssima. Proveniente do mundo dos mortos, uma Poesia muito viva e aliciante.

Apreciemos, por exemplo, de Castro Alves, o canto altaneiro a lembrar "O livro e a América":

Oh! Bendito quem ensina
Quem luta, quem ilumina.
Quem o bem e a luz semeia
Nas fainas do evolutir:
Terá a ventura que anseia
Nas sendas do progredir.

E Augusto dos Anjos, no seu versejar encrespado:

Se devassássemos os labirintos
Dos eternos princípios embrionários,
A cadeia de impulsos e de instintos,
Rudimentos dos seres planetários...

E a musa do "outro mundo" não-emudece. Chico psicografou vários outros livros de versos: **Lira imortal, Volta Bocage, Antologia dos Imortais, Trovas do outro mundo, O Espírito de Cornélio Pires...**

É interessante notar que a **Antologia dos Imortais**, considerada no seu todo, não prisma pelo apuro artístico e pela impecabilidade da expressão verbal. É que alguns dos poetas se apresentam como que em traje caseiro, despretensiosamente, a modo de quem deseja tão-somente prestar um depoimento. Lembre-se, a propósito, que a Comissão de Divulgação do Livro Espírita classifica como **de identificação** as poesias do **Parnaso** e como **de comunicação** as da **Antologia.**

Considerável, sem dúvida, a produção de Chico Xavier em verso. Contudo, é em prosa que a literatura mediúnica nele encontra seu maior expoente. Quantitativamente e qualitativamente.

O primeiro livro em prosa que psicografou foi **Cartas de uma morta,** aquele que, talvez, mais lhe toca à sensibilidade, por ter sido transmitido por sua querida mãe Maria João de Deus.

Veio em seguida **Palavras do Infinito,** de autores diversos.

Abre-se, então, a seqüência luminosa das obras de Humberto de Campos, com as **Crônicas de Além-Túmulo**; de Emmanuel, com o livro que traz o seu nome no título; e de André Luiz, com **Nosso Lar.**

Os escritos de Humberto causam enorme celeuma. Sua viúva reclamou judicialmente os pretensos direitos autorais da produção **post-mortem** do marido. Indigitados réus na ruidosa questão, Francisco Cândido Xavier e a Federação Espírita Brasileira se defendem e a Justiça lhes dá ganho de causa.

Do intempestivo **affaire** resultou um saldo assaz proveitoso para a Doutrina Espírita, uma vez que, a família aceitando as mensagens, inclusive requerendo os direitos autorais, demonstrou, à evidência, a autenticidade das comunicações psicográficas.

Todos os trâmites do processo estão bem documentados no livro **A psicografia ante os Tribunais,** do causídico Miguel Timponi.

É dessa alentada peça de advocatura cível que extraímos alguns depoimentos de eminentes intelectuais patrícios:

"Não discuto o modo por que foi obtido o original subscrito por Humberto. Imitação? **Pastiche?** Mistificação? Não nos reportemos a isso. O que não me deixou dúvidas, sob o ponto de vista literário, foi a constatação fácil da linguagem inconfundível de Humberto na página que li". **Agrippino Grieco.**

"Não sei se foi porque li as "Crônicas" astrais em hora propícia, mas verdade que achei o estilo do morto muito mais vivo". Desembargador **Mário Matos.**

"...se se tratasse de um pastichador (extraordinário, que é esse Chico Xavier!), como pode ele escrever à maneira não só do saudoso autor de "Carvalhos e Roseiras", como também dentro do estilo inimitável de Augusto dos Anjos, de Eça de Queirós?". **Garcia Júnior.**

Humberto de Campos (Espírito) conservou suas antigas tendências literárias. Quase todos os seus livros mediúnicos são trabalhos ligeiros, autônomos: crônicas, reportagens, entrevistas, cartas. Por exceção, ditou **Brasil, Coração do Mundo, Pátria do Evangelho,** uma autêntica História do Brasil, que repõe em seus devidos lugares os fatos marcantes de nossa formação étnica e avança perspectivas alvissareiras do grandioso futuro a que está destinada a Nação Brasileira.

Através do lápis de Chico Xavier, Emmanuel, seu guia espiritual, legou-nos com prodigalidade e brandura, um manancial exuberante de ensinamentos vazados num estilo claro e incisivo, doutrinando sem dogmatizar, dilucidando dúvidas, esparzindo luz e infundindo fé.

Revelou-se exímio historiador e memorialista nos romances **Paulo e Estevão, Há dois mil anos, Cinqüenta anos depois** e **Ave Cristo!** Com exceção do primeiro, os demais podem incluir-se na chamada **série romana** que, pela precisão de seus informes, deu azo à elaboração do **Vocabulário Histórico e Geográfico,** de Roberto Macedo.

A obra manuelina é extensa e diversificada. **A caminho da Luz** nos proporciona uma visão panorâmica da História Universal, encarada por um novo prisma, em concordância com os sábios imperativos da Evolução. **Caminho, Verdade e Vida** é um roteiro seguro de comportamento cristão; roteiro que se confirma e se amplia em três outros livros do mesmo gênero: **Pão nosso, Vinha de Luz** e **Fonte viva. Religião dos Espíritos** é uma interpretação judiciosa, de conotações filosóficas, das questões fundamentais de **O Livro dos Espíritos. Na seara dos médiuns** compreende um exame de textos escolhidos de **O Livro dos Médiuns. Justiça Divina** enfeixa comentários em torno das instruções contidas em **O Céu e o Inferno. Livro da Esperança** é uma análise sistematizada de **O Evangelho segundo o Espiritismo.**

Um inapreciável acervo cultural, sem sombra de dúvida.

As obras reveladoras de André Luiz assinalam o marco de uma nova era na História do Espiritismo. Com o aparecimento de **Nosso Lar**, rasgam-se as cortinas da "eterna oficina" do Mundo Espiritual. A continuação da vida noutras dimensões se nos apresenta em suas nuanças mais variadas, num prodigioso espetáculo em que se movimentam os atores com maior ou menor desenvoltura, consoante suas tendências e aptidões. Em certas regiões, tristeza, sofrimento, maldade. Noutras, alegria, trabalho, abnegação. Contraste de sombra e luz. Tudo, entretanto, em perfeita consonância com os superiores desígnios da Criação. A desarmonia eventual a imiscuir-se compulsoriamente no grande concerto da Harmonia Universal...

Toda a série luisiana é um repositório abundante de novos ensinamentos sobre as condições de existência no plano espiritual e o enfoque de transcendentes questões científicas, notadamente na área de Biologia e da Medicina, de conformidade com os códigos de Sabedoria das Esferas Superiores.

Evolução em dois mundos, psicografado por Chico Xavier de parceria com Waldo Vieira, é o livro de André Luiz que ele modestamente define como "Um pequeno conjunto de definições sintéticas sobre nossa própria alma imortal, à face do Universo...". Evidentemente, é muito mais do que isso. Trata-se de um estudo profundo, erudito, altamente científico que, no dizer de Emmanuel, semeia "a idéia da evolução filogenética do ser e, dentro dela, o corpo físico e o corpo espiritual como veículos da mente em sua peregrinação ascensional para Deus".

As antenas psíquicas de Chico Xavier captaram mensagens de mais de 500 autores espirituais, em todos os gêneros literários, inclusive literatura infantil.

Impossível, nos estreitos limites desta modesta "apreciação crítica", relacionar todos os autores e suas produções.

Citemos, no entanto, para finalizar, estas deliciosas trovas de "folcloristas do Além".

Obrigações pequeninas...
Nenhuma deixes sem trato.
Picada de maribondo
Castiga onça no mato.
Cornélio Pires

O samba não é pecado
Se nasce no coração.
Jesus nasceu festejado
No meio de uma canção.
Noel Rosa

Foge ao luxo de sentir
Preguiça, fastio e tédio
Quem desiste do trabalho
É doente sem remédio.
Casimiro Cunha

Quem se der ao cuidado de investigar as atividades de todos os médiuns psicográficos do mundo, há de, forçosamente, chegar a esta conclusão: Chico Xavier é **primus inter pares** no setor da literatura mediúnica.

Seu trabalho representa não só um esforço ingente para incutir os sábios princípios evangélicos em todas as consciências, mas também um valioso contributo para aculturação das massas.

Com os seus anos bem sofridos, Chico é o servo fiel que, até o presente, tem dado tudo de si para desincumbir-se da grandiosa missão que lhe foi confiada. E se lhe perguntássemos: — Ainda se acha bem disposto para continuar servindo à excelsa Causa que abraçou, munido de amoroso fervor espiritual? — muito provavelmente nos responderia com dois versos de **Camões,**

Dizendo: Mais serviria, se não fora
Para tão grande amor tão curta a vida!

BIBLIOGRAFIA: Parnaso de Além-Túmulo, 9.ª edição, 1972; A Psicografia ante os Tribunais — Miguel Timponi, 4.ª edição, 1961; Chico Xavier — Quarenta anos de mediunidade — Roque Jacinto, 1967; Chico Xavier — O santo dos nossos dias — R. A. Ranieri, 1970.

(Fonte: **Jornal Espírita,** de São Paulo).

A MEDIUNIDADE: UM CANAL DE COMUNICAÇÃO COM O OUTRO MUNDO

João Duarte de Castro

1 — O INTERCÂMBIO SEMPRE EXISTIU

> "Os Espíritos me dizem que o único privilégio da Mediunidade é a tarefa de servir perseverantemente. A árvore não foi feita por Deus para comer os próprios frutos". (Francisco Cândido Xavier)

A faculdade mediúnica sempre existiu. Os médiuns sempre foram capazes de servir de intermediários entre vivos e desencarnados. Pode-se mesmo afirmar que desde o surgimento do Homem na face da Terra a Mediunidade já o acompanhava, podendo os Espíritos encarregados de impulsionar o seu progresso interferir junto aos condutores de agrupamentos humanos.

De acordo com a História, a princípio o exercício da faculdade mediúnica era privilégio de poucos, levando os chefes de clãs ou de tribos, e mesmo os dirigentes de nações constituídas, a se aproveitarem da Mediunidade para impor o poder sobre os demais. Criaram-se, assim, castas de inspirados propiciando o surgimento de profetas, videntes, adivinhos, pitonisas, que exerciam poderosa influência no meio em que viviam.

Grandes líderes ou destacados chefes da Antigüidade não tomavam qualquer decisão importante sem antes consultar seus oráculos; o lendário poeta grego Homero, narrou episódios heróicos da vida de Ulisses através de sua faculdade mediúnica; Sócrates consultava freqüentemente seu "daimon" ou "espírito familiar"; a comunicação com os Espíritos era praticada entre os egípcios na iniciação dos mistérios e do culto de Ísis e de Osíris; Cícero relata que seu amigo Ápio mantinha conversações com os mortos; Pitágoras era visitado por "deuses"; Apolônio de Tiana era médium vidente e dispunha da faculdade de levitar; os primeiros viajantes a adentrar o continente americano relataram que os Peles-Vermelhas entravam em comunicação com os Espíritos de seus mortos, sendo ainda informados pelos indígenas de que tais práticas eram antiqüíssimas entre eles; a Bíblia relata numerosas passagens da comunicabilidade entre encarnados e desencarnados e do exercício da Mediunidade, como, por exemplo: "Antigamente em Israel indo alguém consultar a Deus, dizia: "Vinde, vamos ter com o vidente" (1.ª Samuel 9-9); no episódio da Transfiguração torna-se manifesto o intercâmbio entre os planos físico e espiritual; e a multiplicação das manifestações mediúnicas foi prevista na profecia de Joel confirmada pelo Apóstolo Pedro: "E nos últimos tempos derramarei de meu Espírito sobre toda a carne; vossos filhos e vossas filhas profetizarão, vossos velhos terão sonhos, vossos jovens terão visões".

Assim, em todas as épocas os Espíritos têm procurado entrar em comunicação com os chamados vivos e não poucas vezes o conseguem, seja através de sonhos ou aparições, ou pela intermediação de medianeiros pelos processos psicofônicos ou psicográfico.

E o fenômeno da comunicação interplanos não é, portanto, criação do Espiritismo. A Mediunidade é, como vimos, tão antiga quanto o próprio mundo terreno. Contudo, a correta interpretação do fenômeno mediúnico e sua disciplinação científica somente foram possíveis no final do século passado. Foi somente com Kardec que a Mediunidade passou a ser considerada como campo de pesquisa da própria natureza humana, levando à conclusão de que a comunicabilidade entre vivos e mortos é perfeitamente possível, natural, lógica e racionalmente compreensível.

2 — A MISSÃO DOS JOVENS NO ALÉM

Chico Xavier cumpre uma missão específica e decisiva no campo da Comunicação interplanos: é ele o mais autêntico mensageiro a intermediar notícias e esclarecimentos do mundo espiritual!

Através de Chico os mortos falam e os chamados vivos ansiosamente aguardam suas mensagens de estranha purificação. Conforme o Espírito Humberto de Campos, "Os institutos da Civilização têm sido impotentes para resolver o problema do nosso ser e dos nossos destinos. As filosofias e as religiões estenderam sobre nós o manto carinhoso de suas concepções, mas esses mantos estão rotos!... Temos frio, temos fome e temos sede! A Ciência, zelosa de suas conquistas, ainda não ouviu a sua vibração misteriosa, mas os filhos do infortúnio sentem-se envolvidos na onda divina de um novo "Gloria in excelsis", e a Humanidade sofredora sente-se no caminho consolador da sublime esperança".

E Francisco Cândido Xavier é justamente este caminho consolador da sublime esperança para a Humanidade sofredora, e os pais que julgavam ter perdido seus filhos tragados pela voragem da morte, são agora estes "filhos do infortúnio" que se sentem gloriosamente envolvidos na onda divina.

Através das mãos abençoadas do medianeiro da esperança, os Jovens do Além proclamam que a morte não existe, que não há propriamente uma separação, que os corações maternos já podem se rejubilar porque seus filhos queridos vivem agora a verdadeira vida, que a saudade é procedente mas o desespero não mais tem razão de ser!

E a missão destes jovens que partiram mais cedo, quais almas fraternas, é envolver seus pais e seus irmãos e demais parentes com palavras reconfortantes e esclarecedoras. De lá, dizendo que continuam vivos e ligados aos familiares, proclamam que a morte nada mais é que uma transição da vida material relativa para a vida espiritual plena. Explicando que a vida não nos pertence, demonstram que a mesma é uma concessão feita pelo Criador a fim de que suas criaturas possam vencer mais uma etapa de sua jornada evolutiva e que estando cumpridos os compromissos assumidos, é natural que sejam chamados de volta ao mundo primitivo.

E assim procedendo, além de abrir olhos e ouvidos,

vão executando o complemento desta missão sublime: conclamar por suas mensagens evangelizadoras numerosos novos adeptos à Doutrina Espírita. Assim, não só pais e parentes, mas tantos outros corações torturados pela angústia da separação, travando conhecimento com luminosas verdades espirituais através do correio mediúnico, vão ingressando nas benditas fileiras do Espiritismo!

E esta benemérita missão está sendo magnificamente desempenhada por estes jovens arautos da eternidade! Que belas páginas dirigem eles a seus familiares, trazendo conforto e esclarecimento a quantos passam pela mesma porta estreita da saudade do ente querido que tão cedo partiu! A cada dia novas e significativas mensagens chegam aos pais que, agora compreensivos e reconfortados em sua fé e desejosos de que muitos outros possam beber desta fonte de consolação e esperança, distribuem cartas quais sementes de luz sendo espalhadas por terreno fértil e generoso.

E são pais, irmãos, tios, avós, demais parentes e amigos a serem tocados pela graça do reconforto e do esclarecimento, procurando saber mais a respeito desta Doutrina consoladora, submetendo seus ensinamentos ao crivo da Razão.

E tendo como mentores os jovens escribas do Além, tocados no sentimento, mas regidos pela inteligência e pelo raciocínio, passam a fazer parte do rol dos privilegiados seres que têm olhos e corações abertos, tendo por mestra a Verdade, como guia Jesus e como roteiro a Vida Eterna!

3 — CARTAS DO OUTRO MUNDO

São numerosos os que procuram Chico em seu retiro de Uberaba. Não são apenas mães querendo saber notícias dos filhos que tão cedo fizeram a viagem de retorno, mas muitos estão doentes ou desequilibrados emocionalmente. Choram e pedem ao medianeiro que coloque suas mãos sobre os órgãos enfermos. E depois voltam completamente recuperados para agradecer a este que é um dos mais lúcidos e mais fiéis discípulos de Jesus.

Mas a missão primordial de Francisco Cândido Xavier é no campo da Comunicação escrita — mensagens e livros — para esclarecer, ensinar, conscientizar e consolar.

Francisco Cândido Xavier consubstancia justamente os dois postulados pregados pela Doutrina Espírita: a sobrevivência da Alma e a comunicação entre os habitantes dos dois planos da vida.

As mensagens enviadas pelos Jovens do Além por intermédio de Chico contam-se às centenas. Muitas já foram enfeixadas em livros ou publicadas em jornais, ou são impressas e distribuídas pelos progenitores dos moços escreventes.

Trazem estas cartas pormenores que, muitas vezes, a própria família os desconhecia. Os familiares, em seu desespero, apenas fornecem o prenome e uma fotografia do filho que partiu, não tendo então condições psicológicas nem oportunidade de entrar em maiores detalhes com o solicitadíssimo médium. E não raro ficam surpresos e impressionados com o conteúdo da mensagem recebida que vem assinada com o nome completo do remetente e traz tal riqueza de pormenores que os pais têm de recorrer a outros parentes para a comprovação de nomes de pessoas da família citados na correspondência, bem como elementos outros que eles próprios ignoravam! E jamais há qualquer dúvida quanto à autenticidade das mensagens recebidas. Se dúvidas existissem, os próprios familiares seriam os primeiros a denunciar qualquer mistificação, pois que eles podem estar desesperadamente ansiosos por notícias dos filhos, mas não são cegos, ingênuos nem simplórios a ponto de aceitarem qualquer coisa que se lhes quisesse impingir!

Vamos reproduzir aqui apenas alguns trechos de duas destas numerosas mensagens. São apenas alguns detalhes mas que servem para evidenciar que os jovens do outro mundo escrevem aos que aqui se demoram um pouco mais, dando suas notícias como se estivessem viajando por outras plagas, mas de forma alguma definitivamente separados de seus entes queridos. Os assuntos são os mais variados, num típico estilo epistolar, que vão desde a informação de que estão presentes em alguma festa ou comemoração, desde notícias de sua situação e atividades em seu atual "habitat", até os mais profundos esclarecimentos que confirmam em tudo e por tudo os pontos fundamentais da Doutrina. E sempre num estilo pessoal, próprio e característico, não raro com uma linguagem bela, emocionante e poética.

Uma destas missivas é a enviada pelo jovem santista Djalma Pompeu Camargo, filho único do casal Sérgio Salgado e Maria Elena de Camargo Rangel, que foi vítima de um acidente com sua moto dias após ter completado 21 anos de idade física. Estavam os pais do jovem Djalma em Peirópolis, Minas Gerais, participando de uma festinha de aniversário natalício realizada por Dona Iolanda César em memória de seu filho Augusto César — outro dos jovens escribas do mais Além — comemoração esta promovida todos os anos pela mãe, dedicadíssima obreira do Lar Oficina e uma das mais eficientes colaboradoras da tarefa assistencial de Chico Xavier, quando receberam esta carta.

Nesta mensagem, Djalma além de tecer comentários sobre a festa de que também participava juntamente com outros companheiros do lado de lá, inclusive o próprio aniversariante, dá outras notícias de sua nova vida na Pátria Espiritual, bem como procura acalmar os pais quanto à violência de sua desencarnação, dizendo-lhes que não mais têm motivos para odiar a máquina que fora o instrumento de sua partida.

Eis um trecho desta carta: "Queridos Pais Sérgio e Maria Elena, Abençoem-me. Estou aqui partilhando as alegrias do aniversário do nosso querido amigo Augusto. Venho com o irmão Carlos Alberto, o nosso Tato, a essa festividade de Amor, aproveitando o natalício de nosso amigo para reafirmar-lhes os meus agradecimentos e o meu Amor. Continuo, sob a tutela do avô Pompeu, na evolução lenta em que preciso me fixar para a Seara do Bem. Queridos pais, as lembranças de meu desacordo com as máquinas já desapareceram. O agradecimento à moto é o mesmo por dentro de mim, no entanto, estou sob a inspiração do nobre Benfeitor Henrique Seara. À feição do aluno realizando um estágio mais longo de renovação, posso dizer com alegria que meu esforço não tem sido em vão, e a prova disso é que pude vir a este recinto de Paz e Amor, para o meu testemunho de apreço ao companheiro cujo natalício se comemora".

Observe-se, agora, a magnífica linguagem poética da

jovem santista Simone Couceiro Horcel em carta dirigida a seus pais: "Somos um grupo em excursão todas as vezes em que nos dispomos a vir até Santos, em cujas paisagens descubro uma beleza nova. Aquele mar sacrificado por imensos serviços à comunidade, sempre à espera de tubulações que o auxiliem a situar detritos e apetrechos desfavoráveis à higiene, me fala ao espírito pelo encanto do Sol a tomá-lo por espelho ou quando o luar resolve transformá-lo em jardim de estrelas. Por mais nos desvencilhemos das recordações da vida física, não creio possa alguém aqui onde me encontro desinteressar-se dos familiares e dos amigos. Não sei explicar o porquê de minha transformação, mas a realidade é que me sinto reintegrada com a Natureza que sempre me fascinou com os seus tesouros maravilhosos de beleza e de luz.

Jóias? Quem as terá mais bela do que os jardins que nos ofertam cor e perfume?

Riquezas? Quem as possuirá maiores do que a própria terra que aguarda tão somente o homem para exaltar a grandeza das colheitas generosas?

Ternura? Quem terá maior porção desse ingrediente da felicidade do que as mães que abraçamos ao longo dos caminhos que percorremos?

Espontaneidade? Quem deterá maior fração desse abençoado recurso da vida do que uma criança sorrindo para a vida, ignorando o futuro que a espera?"

ASSISTÊNCIA ESPIRITUAL

Deolindo Amorim

Uma questão ainda muito discutida na seara espírita é a da intervenção dos espíritos nos interesses humanos. Embora os ensinos da doutrina sejam claros e compreensíveis, as interpretações a este respeito, às vezes, são desiguais, inevitavelmente.

O bom senso com as luzes da doutrina, seria suficiente para colocar a questão em seu verdadeiro lugar sem conflito de opiniões. Há certas questões doutrinárias, em cuja análise se deve entrar indispensavelmente o bom senso de cada um.

É o caso, por exemplo, da assistência dos espíritos, quando se trata de necessidade material.

Os espíritos amigos, os protetores, afinal, não são indiferentes às dificuldades materiais de cada um de nós, segundo os fatos constantemente observados.

Exagera-se, porém, a concepção do verdadeiro papel dos espíritos nos atos humanos. Quase sempre a questão vai para um extremo ou para outro, ou dificilmente fica no meio termo. Algumas pessoas admitem que os espíritos devem intervir em tudo, dirigindo os nossos passos, acompanhando os nossos pensamentos, ao passo que outros sustentam que os espíritos devem ficar absolutamente à margem de qualquer assunto deste mundo. Mas, segundo a doutrina espírita, o mundo espiritual não é uma continuação do mundo material? As vibrações deste mundo não têm repercussão no Além? De um lado ou de outro ao que parece, há pouco equilíbrio entre o pensamento da doutrina e a realidade. Os espíritos não nos auxiliam, é certo, como nós prevemos, porque a assistência espiritual, em qualquer situação está condicionada ao merecimento de cada um, isto é, assistência na acepção de auxílio. Entretanto, de acordo com a própria palavra do Cristo — **"batei, e abrir-se-vos-á"**, podemos receber o socorro do Além, a bondade Divina por intermédio de um "sopro de inspiração", de uma idéia feliz, em momentos difíceis, em situações aflitivas. Os espíritos de fato, não podem revogar a lei a que estamos sujeitos, como não podem modificar o curso de um ciclo de provas, nem destruir em nossa existência presente, situações oriundas de encarnações anteriores. Ainda assim não estão eles de todo privados de nos prestarem assistência em certas ocasiões. Sem que tal ou qual forma de auxílio possa ferir a lei de causa e efeito, ponto de apoio da filosofia reencarnacionista, os guias espirituais, os espíritos familiares, principalmente, dispõem de meios para atender aos nossos apelos, não de uma forma ostensiva espetacular, mas dentro dos limites de nosso merecimento e de acordo com a sinceridade de nossas intenções. No capítulo XXVI, de **"O Livro dos Médiuns"** (Das perguntas que se podem fazer aos espíritos) há esta interpelação, entre outras da mesma natureza:

"Podem os espíritos familiares favorecerem os interesses materiais por meio de revelações?"

Eis a resposta:

"Podem e algumas vezes o fazem, de acordo com as circunstâncias; mas ficai certos de que os bons Espíritos NUNCA SE PRESTAM A SERVIR A CUPIDEZ".

As perguntas honestas não deixam de merecer a atenção dos espíritos protetores, embora nem sempre, conforme as circunstâncias, está dito acima, possam elas ser satisfeitas plena e imediatamente. Há, porém, necessidades que, no fundo, não passam de cupidez e extravagância. E nestes casos os espíritos não podem proceder como se fora um pedido justo, criterioso. O indivíduo, suponhamos, que pede a seu espírito protetor que lhe dê um meio de ganhar muito dinheiro para gastar no cassino, evidentemente não faz jus ao carinho, a bondade de um espírito elevado. Os espíritos de luz não auxiliam o vício, a ganância, a licenciosidade, porque isto seria o mesmo que retardar a evolução. Um pedido insensato não pode encontrar guarida na inteligência de um espírito sensato. E se tal fosse possível, a intervenção dos espíritos nas coisas do mundo material teria as mais desastrosas conseqüências sociais.

Se qualquer um de nós sempre que pedisse algum auxílio ao Alto, fosse atendido imediatamente, adviria disto a maior ociosidade, por força do hábito em detrimento do "esforço próprio", que é o caminho da evolução. Entretanto não podemos dizer, de um modo sistemático, que os espíritos não nos ajudam, quando é possível, em nossas necessidades materiais. O próprio Allan Kardec, comentando as respostas que recebera a propósito do assunto, diz o seguinte:

"Os nossos espíritos protetores podem, em muitas circunstâncias, indicar-nos o melhor caminho sem, entretanto, nos conduzirem pela mão, porque se assim fizessem, perderíamos o mérito da iniciativa e não ousaríamos dar um passo sem a eles recorrermos, com prejuízo de nosso aperfeiçoamento". ("O LIVRO DOS MÉDIUNS" — cap. XXVI).

É verdade que os espíritos não nos revelam "tesouros enterrados", nem o "dia da sorte grande", por exemplo, mas nos dão idéias felizes, nos trazem alento e esperança, nos momentos de maior incerteza.

Os espíritos, enfim, não vão bater de porta em porta para nos dar meios de vida, mas nos apontam o caminho, nos dão coragem, e nós que trabalhemos, que nos movimentemos. Quando estamos em sérias dificuldades, às vezes atônitos com alguns problemas inadiáveis, e que nos aparece, inesperadamente, um amigo, um conhecido, um companheiro de ideal que nos ajuda naquela emergência, nem sempre queremos ver em tudo isso a providência, a mão invisível de um amigo espiritual, que desce até nós, para nos trazer auxílio, aproximando-nos de alguém que serve de instrumento de nosso benefício.

Os espíritos nos auxiliam, é verdade, mas precisamos agir também por iniciativa própria.

Muita gente de boa fé excessiva deseja intervenção dos espíritos até nos assuntos vulgares. É o outro extremo da questão. Devemos pedir auxílio aos espíritos justamente quando nos defrontamos com situações que estão acima de nossa capacidade, de nossos recursos, poupando, porém, os nossos guias sempre que precisarmos resolver coisas simples, que dependem exclusivamente de nossa inteligência. Os espíritos amigos nos inspiram, nos orientam, nos transmitem a indicação de um rumo certo, mas não tomam o nosso lugar, o nosso posto de ação no conjunto em que vivemos. É ainda de Allan Kardec esta ponderada advertência:

"Fora abusar da condescendência dos Espíritos familiares e equivocar-se quanto à missão que lhes cabem o interrogá-los a cada instante sobre as coisas mais vulgares, COMO O FAZEM CERTOS MÉDIUNS. Alguns há que, por um sim, ou por um não, tomam do lápis e pedem conselho para o ato mais simples. Esta mania denota pequenez nas idéias, ao mesmo tempo que a presunção de supor, quem quer que seja, que tem sempre um espírito servidor às suas ordens, sem outra coisa mais a fazer senão cuidar dele e dos seus mínimos interesses". (obra citada, página 442).

O bom senso, portanto, à luz da elucidação do codificador da doutrina, é que, nas ocasiões necessárias, saberá distinguir as idéias vulgares das elevadas. Nem tudo se deve perguntar aos espíritos. Nenhum ponto da doutrina deve ser interpretado com radicalismo. O raciocínio individual não pode ser dispensado no exame de qualquer tema ou questão, sob pena de prejuízo para a própria compreensão dos assuntos e do pensamento do codificador. Não constitui sacrilégio nem profanação uma súplica sincera a um espírito para determinado auxílio de ordem natural. Tais auxílios são prestados de forma indireta, velada, mas não deixam de ser uma prova, e prova eloqüente, de que todo aquele que sabe pedir recebe o salário que tem direito. É a lei da justiça. Não devemos, porém, vulgarizar a assistência espiritual, chamando os espíritos para resolverem problemas insignificantes ou removerem dificuldades que nós mesmos criamos pela nossa imprudência. Ai de nós, finalmente, neste planeta de tanta incerteza, se não contássemos com a orientação, o auxílio, a bondade dos espíritos amigos...

(Fonte: **Mundo Espírita**, de Curitiba).

FATOS MEDIÚNICOS

Jorge Rizzini

Todo ser humano é dotado de mediunidade. Allan Kardec foi o primeiro a fazer a assertiva, que foi confirmada pela Metapsíquica e, atualmente, pela Parapsicologia. Se assim é, logo os fenômenos mediúnicos se repetem no mundo inteiro e a verdade é que não apresentam, em sua mecânica, novidade. Isto posto, relataremos alguns, também singelos, objetivando consolidar, em quem nos lê, a fé.

O Passe Mediúnico e as Gotas Ectoplásmicas

Graças à intervenção de abnegados Espíritos do Senhor alguns casos de cura, acompanhados, muitas vezes, de efeitos físicos, se têm verificado conosco. Certa noite, estando eu na Federação Espírita do Estado de São Paulo, fui convidado para fazer uma prece na residência de uma senhora de nome Alzira, à rua Japurá, 109, apto. 136. Ela padecia de dores horríveis no peito, omoplata e braço direito. Fizera todos os tratamentos aconselhados pelos médicos, sem obter melhoria, e os mais fortes analgésicos já não produziam efeito. Era tal a intensidade das dores, que não tinha mais condição, de, sequer, erguer o braço. Assim que terminou de nos contar seu sofrimento de cinco anos seguidos, ela acrescentou: "Mas tenho fé em Deus. Sou católica praticante e, apesar de meu estado, vou à missa na catedral, todos os dias". E fixou em mim o olhar... Respondi: "Pois faz muito bem. O Espiritismo ensina que devemos respeitar o livre-arbítrio de cada um. Nós, espíritas, não somos contra nenhuma religião". E dona Alzira, ficou, assim, à vontade na pequena sala de visita de seu apartamento. O jovem jornalista espírita Paulo Henrique Belfort Rolim, que nos acompanhava fez, então, uma curta pregação evangélica e pediu, em seguida, que se apagasse a lâmpada, conservando-se acesa, apenas, a da cozinha. A pequena sala de visita ficou, pois, na penumbra. Iracy Marques Ribeiro, espírita militante no centro de Valorização da Vida e no Instituto Fraternal de Laborterapia, a pedido nosso orou o "Pai Nosso". O ambiente melhorou, imediatamente. Senti-me, então, impulsionado por Manuel de Abreu, nosso Mentor Espiritual, a transmitir o passe, o que fiz em cada um dos presentes. Poucos minutos depois do intercâmbio mediúnico, estando de novo a sala iluminada, dona Alzira parou de conversar e observou, com espanto, estranhas gotas, grandes e pequeninas, na parte de cima de diversas folhas de um pé de antúrio colocado em um vaso entre duas poltronas. Nosso espanto foi também grande e cada um examinou as gotas, detidamente. "Eu não reguei a planta hoje, disse a dona da casa. Um de vocês botou essas gotas no vaso?" Mas a dúvida logo desapareceu. Não se tratava de água. Nem de uma segregação súbita da planta. As gotas tinham a coloração esbranquiçada e apresentavam certa plasticidade, embora não grudassem nos dedos. Dona Alzira, então, confessou que as dores no peito, braço e omoplata haviam desaparecido e, mais ainda, que durante o passe sentira os músculos enfermos serem tocados "por dentro".

A coroa fluídica

Por volta de 1972, época em que se verificou o caso com dona Alzira, eu freqüentava, às quintas-feiras, à noite, o minúsculo Centro Espírita "Oficina Nosso Lar", à Rua Manoel Dutra, no bairro operário de Bela Vista, em S. Paulo. Esse Centro está instalado na parte térrea de uma velhíssima casa de cômodos e nele mal cabem quinze pessoas... Nosso trabalho espiritual era dividido em duas partes; perguntas e respostas sobre a Doutrina e, em seguida, os passes. Não obstante, simples, esse trabalho era, às vezes, difícil de ser realizado devido aos moradores da parte de cima do prédio... Discutiam em voz alta e, no auge, trocavam uns com os outros palavras de baixo calão, enquanto nós, em baixo, orávamos... Mas, mercê de Deus, tivemos nesse mini-centro momentos maravilhosos proporcionados pela Espiritualidade Superior! Muitas provas da presença dos Espíritos foram dadas, consolidando a fé nos que ali se agrupavam; particularmente, na hora dos passes espirituais. Recordo-me de um caso que, por ser muito ilustrativo, narrarei. Certa noite, surgiu no Centro uma moça, filha de japoneses, vítima de uma estranha agressão das trevas... Durante o passe, o Espírito Mentor, Manuel de Abreu, fez-me ver, estando eu com os olhos abertos na penumbra, uma coroa fluídica de espinhos... Coroa negra. "Filha, a cabeça dói, não?" Ao que a moça respondeu, entre comovida e espantada: "Está doendo desde pela manhã. Parece que tenho uma chapa de ferro comprimindo a cabeça". O Espírito Mentor, cheio de bondade, retirou a coroa, aplicou o passe e a moça, imediatamente, sentiu-se boa.

Diagnoses a Distância e a Cirurgia Espiritual

Freqüentava o nosso mini-Centro a moça Maily Savignano, aí levada pela sua amiga Terezinha Lombardi La Torre, residente na Rua Pena Forte Mendes, 220, casa 2, na Bela Vista. Estava ela, então iniciando-se no Espiritismo, e vendo que os Espíritos faziam curas e diagnósticos, mostrou-se interessada em ser radiografada... Respondemos, então, à Maily, que esse trabalho seria feito, mas... sem a sua presença. Na próxima quinta-feira teria a resposta... À noite, em minha casa, estando eu já deitado, Manuel de Abreu intuiu-me no sentido de que citasse órgão por órgão da consulente; o que estivesse enfermo seria revelado através de uma batida no quarto. Compreendi que os efeitos físicos, no caso, serviriam para não deixar em mim a menor dúvida. E comecei, então, a mentalizar órgão por órgão; ouvido... cérebro... nariz... olhos... laringe... faringe... etc. Silêncio profundo no quarto. Pulmão, coração, rins, seios e... ouviu-se, imediatamente, forte estalo na cômoda. Tem problema nos seios, refleti. E prossegui, citando outros órgãos. Fígado, intestino, estômago, útero e... de novo Manuel de Abreu fez estalar a cômoda. Havia problema, também, no útero! E captei a palavra "quisto" ao mesmo tempo em que via, com os olhos fechados, algo redondo do tamanho de uma moeda de vinte centavos preso por dois dedos. Os dias se passaram e, na quinta-feira, chamei Maily Savignano e, em particular, falei-lhe que devia ter problema nos seios. Ela, com os olhos arregalados, confirmou, dizendo que vertiam "água"... Sobre o útero, disse que, realmente, sentia nele dores, mas que o médico não lhe dera o diagnóstico. Contei-lhe, então, a visão, acrescentando que nada devia temer, pois era um quisto "do tamanho de uma moeda de vinte centavos". Maily Savignano foi, então, ao Hospital do Servidor Público e viu confirmada a radiografia espiritual. Um ano, todavia, se passou e ela não pôde ser operada no útero por falta de vaga nesse hospital. E o quisto cresceu, afetando a bexiga e o intestino. Mas o grupo voltou a reunir-se e, então Maily Savignano mereceu dos nossos Benfeitores Espirituais um trabalho especial, que fez desaparecer o quisto uterino e pôs em funcionamento o intestino e a bexiga — o que foi constatado pelos médicos.

(Fonte: **Jornal Correio Fraterno do ABC,** de S. Bernardo do Campo, S.P.).

MEDIUNIDADE DO PAPA PIO IX

Aureliano Alves Netto

O espírito passa quase despercebido e é, no entanto, a maior força deste mundo. — Alexis Carrel.

Pio IX, que dirigiu os destinos da Igreja Católica no período de 1846 a 1878, chamava-se João Maria Mastai-Ferreti e foi, anteriormente, bispo de Imola, arcebispo de Espolêto e cardeal.

Intenso o seu pontificado, advindo sua notoriedade do fato de haver publicado o **Syllabus** (já concebido pelo Cardeal Joaquim Pecci, futuro Leão XII) — que suscitou tanta celeuma no mundo cristão, bem como por ter definido, em 1854, o dogma da Imaculada Conceição, e, em 1870, no I Concílio do Vaticano o da infalibilidade papal. Contudo, viu findar, melancolicamente, no seu papado, o poder temporal dos papas.

Certa ocasião, o ilustrado pontífice, durante uma cerimônia religiosa, na sua capela particular, ordenou que fosse apagada uma das velas do altar, sem que nada indicasse, aparentemente, a necessidade de tal providência. Verificou-se depois que estava impendente um desastre de graves conseqüências, de vez que mãos criminosas haviam colocado poderoso explosivo naquela vela.

Milagre? O escalpelo da Ciência vêm dissecando, um a um, todos os pretensos milagres. A Ciência é de origem divina, como de resto nada existe que não provenha de Deus — em essência bom e misericordioso, sem precisar de ser milagreiro. O que a Ciência ainda não explicou, explica-lo-á, seguramente, em futuro próximo ou remoto. O sobrenatural seria a mais flagrante negação da Sabedoria Divina, cujas leis, por justas e perfeitas, não podem deixar de ser imutáveis. Aceitar o milagre importa em admitir-se a revogação dessas leis — o que seria o maior contra-senso num ser. Ele, que é verdadeiramente imutável e infalível.

Acaso? Positivamente não. Já dizia Teófilo Gautier: "O acaso é, talvez, o pseudônimo de Deus quando Ele não quer assinar o próprio nome". Sim: tudo obedece às determinações do Criador. Acaso é palavra que, bem analisada, não tem sentido. A que fica reduzido o acaso, se "até os próprios cabelos de vossa cabeça estão todos contados" e nenhum deles cairá sem a permissão do Pai? O que não quer dizer, entretanto, que Deus, embora onisciente e onipotente, se dê ao cuidado de policiar a pilosidade de Seus filhos, ou o crescimento de nossas unhas, ou mesquinhos incidentes outros da vida humana.

As leis de Deus agem por si, perfeitas e matemáticas que são. Nelas próprias está contida a misericórdia divina, razão por que podemos afirmar que Deus não pune e não perdoa, nem estabelece privilégios. Ele exige tão-somente o cumprimento de seus altos desígnios. Quem os cumpre vive em paz e harmonia. Em suma: alcança a Felicidade.

Feitas estas digressões, voltemos ao tema da presente crônica.

Então como se explicaria haver Pio IX, sem valer-se de recursos miraculosos (nem diabólicos, tampouco), em boa hora, tomado uma iniciativa de tanto acerto, não obstante ignorasse, ao que tudo indica, o perigo iminente?

Para os espíritas, a resposta é simples: Pio IX era médium audiente, ou intuitivo. O seu anjo da guarda (diríamos melhor: seu **guia espiritual)** "soprara-lhe" aos ouvidos, na linguagem inarticulada da alma, como se impunha no momento, o procedimento que afinal levou a efeito.

A confirmar a mediunidade de Pio IX, é oportuno citar mais dois fatos:

Havendo marcado audiência com uma senhora, informou ao seu secretário que não mais a receberia, pois ela estava morta. Efetivamente: falecera na sala de espera...

Mais um caso típico da mediunidade intuitiva.

Doutra feita, levaram-lhe para receber a bênção papal uma criança surda e muda. Ele declarou, antes de ver a criança, não se fazer mais necessário recebê-la, porque já estava curada. O que era verdade. A mãe encontrou-a palestrando fluentemente com algumas pessoas.

Neste último caso, além da premonição, há a considerar a cura espiritual, para a qual o Sumo Pontífice possivelmente tenha concorrido com os seus dons psíquicos.

É que nada impede uma só criatura possuir simultaneamente, várias modalidades de mediunidade.

(Fonte: Jornal **O Dia,** do Rio de Janeiro).

MÉDIUNS E OBSIDIADOS ILUSTRES

Alfredo Miguel

MEDIUNIDADE E OBSESSÃO não as inventou (nem poderia inventar) o Espiritismo, pois são fenômenos que emergem de um passado remotíssimo, ao passo que o Espiritismo data de abril de 1857.

O Velho Testamento põe-nos em contacto com médiuns das melhores categorias, e registra os casos de pessoas atormentadas por Espíritos malevolentes, e esse vetusto Livro tem idade respeitável de quatro mil anos.

O Espiritismo veio na época oportuna instruir e disciplinar os portadores do dom medianímico, e bem assim oferecer a todos o antídoto contra o terrível mal das obsessões. Antes do Espiritismo os estados mediúnicos e obsessivos careciam de uma teoria racional que os explicasse; e hoje, graças a ele, cada caso, cada fato tem especificamente a sua designação própria.

Ora, médiuns e obsidiados foram muitas figuras ilustres que têm os seus nomes na História. Desconhecendo a origem espiritual das crises freqüentes a que estavam sujeitos, atribuiam-nas a fatores ligados à organização somática e buscavam o tratamento na medicina. Faziam-no, porém, inutilmente, de vez que a medicina nunca mudou o seu caráter materialista para cuidar das coisas do espírito.

Homens que tanto se distinguiram por sua capacidade artística e literária. Chopin, Dostoiewsky, Hoffman e Shelley, eram inequivocamente médiuns; enquanto outros, não menos célebres — Edgard Allan Poe e Friedrich Nietzsche, por exemplo — davam sinais irrecusáveis de criaturas fortemente influenciadas por Espíritos obsessores.

O genial Frédéric Chopin, quando ia tocar em algum salão aristocrático, pedia logo que apagassem as luzes. Só na penumbra ele encontrava inspiração, e nesse momento se transfigurava, suas mãos de pianista exímio arrancavam do instrumento uma outra voz, um outro som, que não era evidente o habitual. Chopin, conta Gastão Pereira da Silva, no seu esboço biográfico sobre o grande músico, "ouvia cânticos religiosos, mortos há mais de cem anos". Médium como se vê, inspirado e auditivo.

Um biógrafo de Dostoiewsky informa que o admirável criador de **Crime e Castigo** padecia de "acessos nervosos do tipo epilepsia", supondo que aqueles ataques o molestavam. Como, na realidade, se tratava de atuação benéfica de espíritos superiores, Fédor, quando isso se dava, sentia uma felicidade "que não poderia ser experimentada na vida comum e muito menos por ela explicada".

"A sensação — acrescentava — era tão forte, tão agradável, que eu daria dez anos de vida por alguns momentos dessa felicidade, ou talvez — quem sabe? — a vida inteira".

Com Guilherme Hoffman, entre outros indícios de mediunidade, ocorria o fenômeno do desdobramento psíquico ou dupla personalidade, tal como acontecia com Shelley. Várias vezes o famoso romancista se via sentado à sua secretária, escrevendo a sua própria obra.

Poe, o célebre autor de **O Corvo,** sentia-se aviltado pela dipsomania. Por isso, periodicamente, encontravam-no caído nas sarjetas, completamente embriagado. Aos quarenta anos, ou pouco menos, sucumbiu, atingido em cheio por uma crise de "delirium tremens".

Não se sabe por que, Poe, à semelhança de Dostoiewsky, tinha violentíssimo medo de ser enterrado vivo.

Igualmente dolorosa era a situação de Nietzsche. A certos intervalos, ele sofria, conforme ficou dito em linhas atrás a ação perniciosa de inimigos desencarnados, que o expunham ao ridículo e à comiseração diante do público.

Certa vez esteve na Itália, e em Turim cometeu uma série de desafios, à laia de Dom Quixote, penalizando aos espectadores quando estes souberam que aquele homem de bigode eriçado e ares de louco, seus compatriotas alemães rendiam-lhe homenagens, por se tratar do eminente filósofo Friedrich Nietzsche. Mais tarde, em outra praça, ei-lo em altos brados, identificando-se como sendo o Príncipe Eugênio de Savóia, vindo a Turim para assistir aos seus próprios funerais. Sobrevem-lhe um momento de acalmia; e logo a seguir está Nietzsche abordando os transeuntes e proclamando-se Deus. **Eu sou Deus em pessoa** — diz.

Temos aí o bastante para concluir que o grande Nietzsche foi, entre outros, um ilustre obsidiado.

(Fonte: "Jornal Espírita", Rua Mons. Anacleto, 199 — Brás — São Paulo-SP — CEP 15.190).

O SONHO CURADOR DE MARGUERITE

M. B. Tamassía

Se bem que com bastante atraso li um interessante trabalho do abalizado médico, Dr. Humberto Pascale, a que intitulou "Da Terapêutica Espiritual, em face da Deontologia Médica". Nele o autor, nome respeitável em nossos meios científicos, reúne valiosos subsídios e referindo-se ao fato de que, ainda recentemente, o professor M. Arslan da Universidade de Pádua, pronunciou em Bolonha uma conferência "Il Médico davanti al miracolo", tendo concluído: "Existem casos de cura extra-médica inacessíveis à avaliação e ao controle da mais rigorosa crítica objetiva". De certo modo, já Alexis Carrel houvera sugerido isto: "O estudo das propriedades físicas do sérum sanguíneo, dos seus equilíbrios jônicos, da permeabilidade do protoplasma, da constituição química dos antígenes, etc. não é menos indispensável do que o dos sonhos, dos estados mediúnicos, dos efeitos psicológicos da oração, da memória das palavras, etc." (O Homem esse desconhecido).

Um grupo de pesquisa constituído em Norte-América denominado "Wainwright" chegou a reunir dados positivos de cura a distância, através da simples "radiação" mental. Entre outros, o efeito positivo foi obtido com um engenheiro que era portador de câncer pulmonar. Na hora em que o círculo religioso pôs-se a orar e mentalizar, o paciente sentiu formigamento no pulmão e, através de exames posteriores, radiográficos, broncoscópico, biópsia, etc. comprovaram os pesquisadores que se deu cura, absolutamente fora da sugestionabilidade ou explicáveis à luz da biomédica.

Assim, sempre se pergunta; a cura pela fé é possível? Ou existem fatos comprovados de pessoas dotadas poderem curar através de outros meios não reconhecidos pela ciência? E temos de responder que sim, sem que com isto estejamos a avalizar muitas bobagens e crendices que andam por aí, mormente quando elas estão ligadas a interesses econômicos.

Ocorrência sensacional foi aquela publicada amplamente na imprensa referente a Marguerite Pavan, desenganada da medicina, portadora de septicemia aguda. Trazia o corpo coberto de pústulas e o rosto disforme atacado de lupus facial. Permanecia assim sofredora havia dezessete anos, quando sonha certa noite que estava à borda de uma piscina, à qual eram transportados pessoas doentes. Surge-lhe um homem belíssimo, de olhos azuis em quem reconhece o santo da sua predileção, Antonio de Pádua. Ele manda que jogue à água a sua coberta; dá-lhe ordem para que se levante e caminhe. Ela obedece e, no sonho, começa a andar. Todos os doentes põem-se a gritar eufóricos e Marguerite grita também acordando os seus!

A sua mãe precipita-se no quarto para ver o que estava acontecendo à sua desditosa filha. Fica surpresa. Ela estava inteiramente limpa das pústulas e o rosto completamente normal sem mais aquelas horrorosas deformações. E, além de tudo, ensaiava, alegre, os seus passos pelo quarto!

Eis, pois, que devemos ser humildes diante do incognoscível. Afinal, quem somos nós e que vem a ser uma prece? Que representa a fé ou a vontade? Quais foram as forças sutis que, movimentadas e dirigidas, permitiram formar um homem, com o seu cérebro, as suas vísceras e as suas mãos hábeis? Não fizeram elas, também, as cambianças maravilhosas das asas de um serzinho insignificante como a borboleta?

Importa é saber que existe uma lei de correspondência nos diversos patamares do Templo Cósmico, onde os seres se postam, lavando o chão como Martha ou aspirando o Alto como Maria. Uma prece é um impulso eletrônico — anímico — psíquico em expansão percorrendo condutos especiais até que, em determinadas situações, possa como toda força realizar um trabalho. Evidente que, existindo no reino espiritual uma ordem moral, em nível diferente da fisicidade a que nos habituamos, possa esse apelo ou todo o complexo ato de curar tornar-se nulificado pelo demérito ou razões ligadas à própria evolução do ser doente.

(Fonte: Jornal **O Clarim**, de Matão, S.P.).

ESPÍRITO REVELA UM SEGREDO

Luciano dos Anjos

Depois de ter feito, na década de 60, sensacionais reuniões de materializações, fortaleci minha convicção de que realmente o fenômeno físico é — como ensinam os mentores espirituais — menos importante do que o fenômeno intelectual. Acompanhe o leitor, por exemplo, os lances desse notável acontecimento, registrado com o confrade Newton Boechat, numa noite da primeira quinzena do mês de dezembro.

Encontrando-se em Minas, onde fora fazer uma conferência, pernoitou na casa de um amigo. Súbito, desdobrou-se-lhe o perispírito e ele viu, no meio do quarto, um vulto trajando jaquetão cinza e gravata borboleta à moda antiga, passando por cima da gola alta. Simpático, cabelos pretos e dizendo chamar-se Gudesteu Pires. O Newton Boechat achou o nome incomum e difícil de decorar. Percebendo isso, o Espírito lhe recomendou que se lembrasse de bolinha de gude, colocando esta última palavra no plural e ligando-a ao possessivo "teu". Quanto ao Pires — disse —, seria mais fácil... Ainda dentro desse painel o Boechat pôde ver, em segundo plano e mal delineado, um homem de alta categoria social e apuro no trajar. Trazia uma bengala preta, com a qual à semelhança de taco de golfe, tirava pedrinhas de mosaico da rua. O primeiro Espírito esclareceu tratar-se do antigo Presidente Antonio Carlos, ao mesmo tempo que mandava abraços para o César Burnier, seu amigo de outros tempos, juntamente com a Marina, à epoca em que os três movimentavam processos e faziam triagem de correspondência em Palácio. E, ainda mais incisivo, disse:

— Para que o César saiba que sou eu mesmo, vou contar um segredo dele, muito pessoal, do qual nunca falou a ninguém. Apenas para demonstrar que os zelosos segredos só o são no plano humano... Diga, pois, ao César que eu sei que ele tem em seu poder algo muito importante, de grande valor histórico, procedente de um país europeu, no qual há inscrição manuscrita a tinta, borrifada de areia à maneira de mata-borrão antigo. Está encardido, estragado pelo tempo, de cima a baixo, no seu lado esquerdo. Há várias anotações minuciosas, referentes a assuntos de quase 200 anos! A última assinatura está no centro, cheia de rebiques, terminada com umas dez voltas.

Nesta altura da descrição, o Boechat ouviu Jardel, seu mentor espiritual, dizer que autorizava a narração do fato unicamente à pessoa interessada. Depois, o desdobramento terminou.

O Boechat nada contou ao seu hospedeiro, em Minas, e, tão logo chegou ao Rio, procurou o César Burnier. Este, porém, achava-se em Vitória, há alguns dias, em casa do conhecido médium Júlio César Grandi Ribeiro. Mas, quando de seu regresso, encontraram-se os dois amigos, e o Boechat lhe narrou todo o acontecido. O Burnier ficou pálido e perplexo. Realmente, fora muito íntimo do Gudesteu Pires, que era Secretário das Finanças do Governo de Minas Gerais, há mais de quatro décadas, auxiliar prestimoso do Presidente Antonio Carlos. Levou então o Boechat até ao quarto do seu apartamento, na Rua Miguel Lemos, em Copacabana, e abriu u'a mala, da qual retirou grande caixa. Dentro dela estava, tal qual descrição do Gudesteu Pires, aquilo que o Burnier guardava com indevassável zelo. Os mesmos dados, as mesmas anotações manuscritas, a mesma assinatura. César Burnier confessou ser aquele um dos mais impressionantes fatos psíquicos, pois o assunto era altamente sigiloso e dele jamais falava a quem quer que fosse. Não o referiu sequer nos depoimentos históricos que prestou, certa vez, ao Instituto Brasileiro de Pesquisas Psicobiofísicas, presidido pelo grande pesquisador Hernani Guimarães Andrade.

Quanto à Marina, mencionada na revelação, está ainda encarnada. Seu nome completo é Marina Amezalaque.

Funcionária pública aposentada, era lotada em Palácio e reside atualmente no Rio. Era ela quem, juntamente com o Gudesteu Pires e o próprio Burnier, fazia a triagem da correspondência, em Palácio, no Governo de Minas. O Presidente Antonio Carlos, por seu turno, tinha realmente o hábito de andar batendo com a ponta da bengala nas pedrinhas que encontrava pela calçada. O César Burnier, então jovem, era íntimo dele, com quem conversava sempre sobre vários assuntos, políticos ou não. Suas famílias se relacionavam há muitos anos. Às tardes, quando saíam a passear pelas ruas de Botafogo, já então no Rio de Janeiro, enquanto ia ouvindo o jovem Burnier, deslocava com a bengala as pedrinhas do caminho. Essa bengala, tempos depois, ele a presenteou ao Burnier.

Eis aí, leitor, um caso verdadeiramente notável, muito mais probante, em última análise do que qualquer fenômeno espetacular de efeitos físicos. Quanto ao móvel da revelação, disseram-me o César Burnier e o Newton Boechat que continuará, ainda, por algum tempo a sete chaves. Terão suas razões e temos que respeitá-las. Pelo menos — conforme disse o Gudesteu Pires — enquanto for apenas um... zeloso segredo do plano humano.

(Fonte: **Jornal Espírita,** S. Paulo).

OS ESPÍRITOS EXISTEM

Clovis Ramos

No princípio eram batidas nos móveis, nas paredes. Objetos pairavam no ar, apesar da lei da gravidade. Mesas que se movimentavam sem contato nas salas das experiências, ou respondiam, com acerto, às perguntas difíceis, embaraçosas, formuladas na hora. E a curiosidade. E a dúvida. Investigações. Gente ilustre pesquisando, e confirmando, contra toda a expectativa, os fatos; outros negando-os, sistematicamente.

A coisa começou nos Estados Unidos. Hydesville, 1848. Sensacionalismo. A imprensa se ocupou, com ruído, do assunto que trazia, no seu bojo, uma revolução, e interessava a toda gente: aos que procuravam se convencer da verdade, como fez o Juiz John Edmonds, do Superior Tribunal de Nova York; aos que pretendiam explorar, comercialmente, os fenômenos como um bom divertimento dos teatros e, também, aos que os combatiam, acoimando-os de invenção do próprio Lúcifer, caso acontecessem...

Hydesville... Devia haver algum fundamento nas notícias fantásticas dos jornais!

— — —

Depois dos chamados **raps**, as mesas girantes ou falantes. E mensagens. Escritos sobre os mais variados temas, dos que haviam "morrido" há séculos, ou há dias. Palavras consoladoras ou advertências de amigos e parentes, já nos túmulos.

— Impossível... Os mortos morreram!

— Telepatia...

— Fraude — explicavam uns.

E outros repetiam:

— Fraude!

E novos fenômenos: vozes, luzes, materializações de mãos e de flores, moldados em parafina; as formas palpáveis dos Espíritos; e transporte; incorporação. Médiuns como Davis e Home, Eusápia Paladino e Florence CooK, Madame d'Esperance; médiuns de todas as classes sociais e entre todos os povos. E ouviam-se ignorantes falar, como no dia de Pentecostes, línguas estranhas, confundindo os doutos; ouviam-se ao piano melodias tocadas por mãos invisíveis. Fatos assombrosos aconteciam, provando a existência da alma humana após a morte; mas, apesar de tudo, a cegueira humana! Os Tomés... Ver para crer. Tinha que ser mentira tudo aquilo. Hipnotismo. Surgiam hipóteses as mais absurdas, e polêmicas, e protestos, memoriais, relatórios. Cientistas universalmente conhecidos examinando: William Crooks, Camile Flammarion, Cesare Lombroso, Myers, Lord Kelvin, Sully-Prodhomne, Curney, Victorian Sardou, Zoellner, Alexandre Aksakof, e muitos, muitos outros. — Pesquisaram para revelar o embuste, o erro — e confessaram, em livros famosos, a verdade comprovada! Por toda parte. E Leon Hyppolite Denizard Rivail, o poeta Allan Kardec dos tempos dos drúidas. Escreveu livros que atravessarão os séculos, publicou **Revue Spirit,** para servir à cultura. Os livros de Kardec foram queimados em praça pública, em Barcelona, Espanha, pelos saudosistas da Inquisição. Livros-hereges... Inútil. A verdade é como o sol. As nuvens o escondem, por vezes, mas ele volta a iluminar os caminhos dos homens...

— — —

Onde está o teu poder, ó morte? Repito com o salmista. Mas só que, hoje, a imortalidade da alma é um fato científico. Prova-o o Espiritismo. E a reencarnação — idéia bem antiga. E a comunicação dos Espíritos. Estas, as verdades que o Espiritismo ensina: não cessará, jamais, o progresso humano. Vivemos múltiplas vidas, de resgate e socorro. Não mais a separação definitiva dos que se amaram na Terra; mas a certeza do reencontro, além, a possibilidade de se ver e ouvir os que nos precederam no sepulcro; de repararmos, nesta ou noutra existência, o mal que houvermos feito; o trabalho incessante nas tarefas que mais nos agradam. Não mais os chamados milagres que são contra as leis naturais; a Ciência não deu nem dará nunca a última palavra sobre tudo. Dia a dia, novas descobertas, conhecimentos novos. Primeiro o fogo e o ferro, hoje a energia atômica, que se espera seja usada para a Paz; a perene revisão do que se supunha verdadeiro, definitivo. Cada dia caem por terra velhas concepções da vida e da arte. E o mundo avança. Avançará sempre, apesar dos pessimistas de todos os feitios. Nossos avós não podiam admitir o vôo do mais pesado que o ar e, hoje, aviões velocíssimos riscam o céu, e os homens já estiveram na Lua e esperam chegar a outros planetas. Telefone, rádio e televisão, coisas banalíssimas no nosso tempo, e um sem número de aparelhos elétricos, de utilidades, séculos antes seriam inventos de loucos e feiticeiros, argumentos mais do que necessários para uma fogueira. . . Hoje, transplantes de coração, de tudo; os cérebros eletrônicos a facilitar o serviço do homem, o raio Laser, o bebê de proveta.

O estudo nos dá, aos poucos a compreensão de tudo, as chaves dos mistérios. Quem poderá, atualmente, sem passar por ignorante, negar o mundo infinitamente pequeno? Também só por ignorância ou má fé, negar-se-á, hoje em dia, o mundo dos Espíritos.

Os Espíritos existem, fizeram-se notados em todas as regiões do Globo, quase já podemos dizer — em todos os lares — manifestando-se entre os chamados vivos, revelando-nos um mundo novo, uma ciência e uma filosofia que têm por base Deus, a alma imortal — responsável e individual — e o Amor, o mesmíssimo Amor ensinado por Jesus, o Cristo.

Quem, ainda agora, teima em combater o Espiritismo, essas verdades, essas grandes e consoladoras verdades, demonstra, tão-somente, que não anda em dia com os acontecimentos de nossa época, ocupado, talvez — e exclusivamente — com os problemas imediatos do estômago. . .

(Fonte: Jornal **Correio Fraterno do ABC**, de S. Bernardo do Campo, SP.)

UM MÉDIUM CHAMADO TIRADENTES

Alfredo Miguel

Não sei se houve, já, quem analisasse a figura exponencial de Joaquim José da Silva Xavier, o Tiradentes, do ponto de vista da sua mediunidade curadora. É necessário aparecer um estudioso capaz de revelar essa face oculta do precursor da nossa Independência.

Esse pesquisador da história pátria, ou melhor, do magno episódio tramado em Vila Rica, que teve o seu epílogo trágico no Largo da Lampadosa, no Rio de Janeiro, acredito que poderia ser encontrado entre nós, em condições de talento e cultura, para nos traçar um retrato psicológico completo de Tiradentes, em que ficasse bem acentuada a sua preciosa faculdade mediúnica. Não nos seria difícil nomear alguns companheiros eruditos para esse trabalho de penetração histórica, visando a colocar o Alferes Joaquim José da Silva Xavier na galeria dos bons médiuns brasileiros. Porque a verdade é que Tiradentes, a par de um coração magnânimo, transbordante de piedade pelos deserdados e oprimidos, era médium, possuía o dom precioso de curar — e curava mesmo até doença, que os melhores clínicos da época debalde haviam tentado a cura. Tal foi o caso de certa jovem, filha da viúva Inácia Gertrudes de Almeida, moradora na Travessa da Alfândega, Rio de Janeiro, que vinha sofrendo, havia três anos, de uma ferida malígna que lhe aparecera no pé esquerdo. Segundo reputado historiador patrício, era uma ferida que, "pela sua renitência aos remédios — dizia a viúva — os professores de medicina, consultados, já chamavam de **úlcera**

cancerosa, sem que nem um deles conseguisse debelar". (1) A enfermidade continuava dolorosa e "incurável", até que Da. Inácia foi informada por pessoa de suas relações, "do préstimo de que para tratamento de semelhantes moléstias era dotado o Alferes Silva Xavier", e se apressou em solicitar a presença dele. Conta o Professor José Feliciano de Oliveira, no livro que publicou sobre o proto-mártir da Independência brasileira, que Tiradentes compareceu diante da enferma e, ministrando-lhe "uma água medicinal dentro de poucos dias lhe pôs completamente sã a ferida". (2) Que **água medicinal** era aquela, possuída de mirífico poder curador, os biógrafos do heróico patriota não o dizem, e bem se compreende porque não poderiam dizer. Nós, espíritas, é que podemos desde já deduzir que se tratava de água fluidificada, não sendo também de se desprezar a hipótese de que Tiradentes complementasse o tratamento fazendo sobre a ferida aplicações fluido-magnéticas. Fosse, porém, como fosse, a verdade é que ele, sem conhecer nada de medicina científica, curou radicalmente, e em questão de dias, a tal "úlcera cancerosa", que de longa data vinha atormentando a moça e resistindo a todas as tentativas dos médicos para sará-la.

Está, outrossim, nos relatos históricos, que antes de assentar praça no Regimento de Dragões, em Vila Rica, Joaquim José, já insatisfeito da vida que levava, e não menos acabrunhado com a súbita e inexplicável ausência da sua namorada, filha do português Venâncio Dias, deixou a fazenda Pombal e se atirou a uma vida nômade em companhia do fiel amigo Simplício. Foi ser mascate e, ao mesmo tempo, observador direto da situação de miséria e cativeiro em que vivia o povo. Nessas andanças "pervagava

---

(1) Luís Vanderlei Torres — "Tiradentes, a áspera estrada para a liberdade", pgs. 201/216. Editora Obelisco Limitada. São Paulo.

(2) Prof. José Feliciano de Oliveira — "Tiradentes, o herói da Independência Brasileira", págs. 85/86 e 129. Livraria Martins, São Paulo.

os sertões incessantemente, consertando aqui uma boca, **sarando ali uma ferida na perna, lancetando um tumor acolá**". (O grifo é nosso). É o que nos informa o grande romancista da história de Tiradentes, Gilberto de Alencar, à página 139 do seu magnífico volume **Tal dia é o Batizado.** O romance deste eminente escritor mineiro apresenta, em outro lugar, o preto Simplício na casa do coveiro João Santiago, combinando com este o plano para a retirada da cabeça do mártir do poste, fincado na principal praça da cidade, onde a expusera a Estupidez instalada transitoriamente no poder. Era preciso dar a devida sepultura àquele despojo. Simplício inicia o diálogo com especial cautela, temeroso de que o homem lhe denunciasse depois às autoridades; mas percebia logo que Santiago fora amigo e admirador do Alferes, ouvindo-o declarar-se indignado com o que tinha acontecido. "— Mataram uma criatura boa, — começa o coveiro — uma criatura que não fazia mal a ninguém, e que só queria o bem deste povo e desta terra. Uma ocasião — prosseguiu — já faz tempo, estive com meu filho doente, às portas da morte, até a mãe já tinha perdido a esperança. Ele veio, tratou do pequeno e, abaixo de Deus, foi quem o botou bom. Ainda por cima, sabendo que eu não andava lá muito bem de vida, com tanta doença e tanta atrapalhação, me emprestou um dinheiro. Quando depois fui pagar, quem diz que quis receber? Até acho que ficou com raiva de mim. . ." (3).

Possuindo, como estamos vendo, o dom maravilhoso de curar por meio de uma água dita medicinal, cujo poder os esculápios, seus covos, desconheciam, Tiradentes ornava-se de outra virtude peregrina, que era o desprendimento dos bens materiais. Até parecia que, além de médium, era espírita de boa cepa, muito antes do advento do Espiritismo, pois compreendia, e aos outros inculcava, que trabalhar em benefício do próximo é trabalhar para si. Essa consciência cristã levava-o a prodigalizar alívio às dores alheias com extrema solicitude e absoluto desinteresse. Razão por que o crioulo Simplício, incapaz de apreen-

---

(3) Gilberto de Alencar — "Tal dia é o batizado", pág. 352. Editora Itatiaia Limitada — Belo Horizonte.

der o significado de tanta renúncia e de tanta bondade, explorava, às vezes, o seu amigo branco:
"— Que história é essa de trabalhar só para os outros? Precisa trabalhar para você também...
E após refletir um pouco, o malungo voltava a inquirir:
"— Então, quem trabalha para os outros trabalha para si?
"— Trabalha, Simplício. Trabalha para si mesmo.
"— Se fosse assim como você está dizendo, os escravos já estariam ricos!
"— Pois estão. Estão ricos de outra riqueza..." (4).

Esta linguagem é genuinamente espírita. E por ela se vê que Joaquim José da Silva Xavier, o Alferes mineiro que há 191 anos foi enforcado e esquartejado por querer libertar a nossa gente do despótico domínio português, já naquela época remota dava de graça os frutos da sua mediunidade, tanto quanto falava e raciocinava espiriticamente. (5)

O mulato Simplício, personagem simpático do romance de Gilberto de Alencar, era filho de um feitor português da fazenda do pai de Tiradentes com uma escrava. Entre Joaquim José e Simplício nasceu desde a meninice uma afeição que o tempo cimentou e se manteve fiel até a morte do Alferes. Quando este foi preso no Rio de Janeiro, Simplício voltou para Vila Rica, onde foi convidado, certo dia, pela antiga namorada do Herói, de regresso da Corte. Ela sugeriu o plano para a retirada do despojo que jazia no topo do poste, e acompanhou Simplício nessa aventura arriscadíssima, levada a efeito a desoras de uma noite intensamente caliginosa e fria.

---

(4) G. de Alencar, ob. cit., pág. 138.

(5) Artigo redigido em 1983.

O SUICÍDIO NÃO RESOLVE

(O Imortal)

Odete (1), minha querida:

Somente Jesus, em sua infinita Misericórdia me facultaria a oportunidade de chegar até aqui, a fim de lhe trazer saudações do mais além.

O suicídio não resolve problemas, muito pelo contrário, complica tudo. As chamadas mágoas que agasalhamos (principalmente a mágoa de amor), são acenos negativos a que muitos se entregam e, por desatenção aos ensinamentos divinos, eliminam o próprio corpo.

O suicida, Odete, é marginal da vida, tanto aí quanto aqui. Chegamos antes do tempo e, quando, horrorizados pelo ato cometido, pretendemos voltar, não nos recebem os da retaguarda porque não nos vêem...

Fui trazida pela Tia Negra (2), hoje, porque o médium nada conhece do seu passado. Aqui somente você conhece o meu caso. (3)

---

(1) Odete Velloso Pradel, residente em Porto Alegre, ora em visita ao culto "Francisco de Assis". O marido da visitante também desconhecia a existência da desencarnada que se comunicou, pois, Santinha fora colega de Da. Odete no Instituto de Educação Flores da Cunha, em Porto Alegre, tendo desencarnado há trinta e um anos.

(2) Pseudônimo de Elmira Guardiola Cunha, desencarnada em 27 de setembro de 1970 em Cachoeira do Sul (RS).

(3) Explicado na nota 1.

Ainda agora Tia Negra me doutrina, dizendo que bem melhor é enfrentarmos o minuano (4) do que trazer frio na alma, como eu trago e trarei por muito tempo, até que as Leis Divinas me facultem o precioso instante de retornar, retornar para reencetar a marcha interrompida brutalmente.

Nossos caprichos são pragas que deixamos multiplicar na lavoura do destino individual. Tia Negra manda à sua sempre lembrada Odetinha (5) um forte abraço e beijos.

Seu companheiro (6) prossegue ajudado pelos corações que por ele velam, recebendo socorro noutras bases. (7)

Não posso permanecer mais tempo, porque o moço (8) será convidado a comentar o capítulo que nos é ofertado nesta noite em torno do Médico das Almas — o Cristo de Deus.

De quem nunca esqueceu você e pede vibrações contínuas, a fim de que tenha coragem de aceitar-se como es-

---

(4) Vento que sopra gelidamente no sul do Estado.

(5) Diminutivo do nome de Da. Odete tal como a chamava Tia Negra.

(6) Adolpho Gundlach Pradel, esposo de Da. Odete, Engenheiro Civil, também presente, que recebeu tratamento de passes dados indiretamente durante a reunião, pela entidade Tia Negra. O Dr. Pradel afirmou sentir as vibrações no momento exato da ministração do socorro fluídico.

(7) Combinações de fluidos extraídos de pessoas presentes, sadias, mesclados aos da psicosfera do nosso planeta.

(8) Newton Boechat ainda iria comentar duas perguntas de "O LIVRO DOS ESPÍRITOS", de Allan Kardec.

tá, sem revoltas, esperando melhores dias.

(a) Santinha (9)

Esta mensagem, espontaneamente captada por Newton Boechat, durante reunião do Culto do Evangelho do Lar Francisco de Assis, em Copacabana, comporta algumas considerações e notas.

Da. Odete Pradel ficou de retornar ao Sul (Porto Alegre) e, de lá, remeter-nos informes prestado pelo irmão de Santinha, o que ocorreu, em face da correspondência que ela remeteu ao anfitrião do culto do lar, datada de 12 de setembro de 1977. O casal Pradel esteve no culto e fora apresentado ao Newton momentos antes de começar a reunião e o próprio casal De Paula, de Rio Grande, que freqüenta o Culto Francisco de Assis quando de suas costumeiras férias aqui no Rio, não conhecia os Pradel.

(Fonte: Jornal **O Imortal**, de Cambé, Paraná).

(9) Santinha, cognome de Conceição Gouveia, ex-colega de Da. Odete, que provocou o auto-extermínio atirando-se do alto da "Cascata do Caracol" Município de Gramacho - RS em março de 1936. Antes do gesto tresloucado provocado por contrariedades domésticas, entregou o filhinho de um ano a uma amiga, pedindo-lhe para cuidar dele.

BARSANULFO

(A caridade)

Viveu apenas 38 anos este admirável médium de Sacramento, Minas Gerais (1880-1918), através do qual Bezerra de Menezes muito receitou, e por causa do que, foi processado por exercício ilegal de medicina. Tal processo rolou na Justiça, passando por vários juízes, sem que nenhum o condenasse, talvez porque constatassem a grandeza do trabalho daquela alma boa a serviço dos semelhantes; e acabou sendo "prescrito, por falta de pronúncia, no dia 9 de maio de 1918, dia em que o povo de Sacramento, no auge do entusiasmo, fez o enterro simbólico daquele odiento processo". Quatro meses depois Eurípedes viria a falecer, encerrando uma vida profícua a serviço dos deserdados da sorte e dos desesperançados da vida.

O Dr. Inácio Ferreira, no seu livro "Eurípedes Barsanulfo", conta esta história que ocorreu com o grande operário da caridade que em vida fundara um jornal, um centro espírita e dois colégios.

"Uma senhorita, quase cega, embora submetida já a inúmeros tratamentos, ia para São Paulo, com sua família, em busca de alívio para o terrível mal que, sensivelmente, a estava privando da vista.

Sempre que falavam em tratá-la com Eurípedes, a isto se opunha a moça, talvez influenciada por sofredores, no sentido de fazê-la padecer ainda mais, prolongando-lhe a doença. Apesar disso, porém, o pai resolveu conduzi-la a Sacramento, o que lhe seria relativamente fácil, porque, quase cega, a moça não poderia perceber, já em Ribeirão Preto, se a levavam para os médicos na Capital de São Paulo ou se a conduziam para Sacramento por outra linha da Estrada de Ferro, via Franca.

No meio de uma centena de pessoas que se achavam presentes na ocasião, Barsanulfo atendeu ao pai aflito com um sorriso meigo de Nazareno:

— Sua filha não está cega — disse-lhe Eurípedes, sem que tivesse tido anteriormente o menor entendimento com o pai da enferma, que havia ficado hospedada em um hotel da referida localidade.

— Volte para o hotel onde está a sua filha; ela o avistará.

E, despedindo-se do pai, ainda confuso, prometia:

— Depois darei a receita que veio buscar.

— É um charlatão, pensou o homem, voltando ao hotel.

Qual, porém, não foi o seu espanto, quando, ao apontar na rua do hotelzinho onde se abrigara, a filha, lá da janela, gritou alegremente:

— Lá vem papai!"

(Fonte: Jornal **A CARIDADE,** da Congregação Espírita Francisco de Paula, do Rio de Janeiro).

UM MÉDIUM DE BATINA

Aureliano Alves Netto

> Todos os nossos trabalhos e atividades são regulados por leis de vibrações desconhecidas. — Emmanuel

Sob o título "As santas diabruras do Cônego Luz", a revista O CRUZEIRO, em sua edição de 6-1-1971, publicou interessante reportagem assinada pelos jornalistas José Franco e Luiz Alfredo.

Procuremos, num esforço de síntese, enfocar seus aspectos principais, de evidentes conotações mediúnicas.

Toda a narrativa gira em torno duma personalidade modesta e cativante — o cônego José Maria Luz — (à época com 71 anos de idade), que, ao defrontar-se com um dos repórteres, na cidade de Pratápolis, MG, deixou-o estarrecido com esta revelação:

— Meu filho, você tem uma enfermidade grave no olho esquerdo, perde glóbulos vermelhos no sangue e um dos seus rins não funciona perfeitamente!

Diagnóstico exato, segundo confirmação da "vítima".

O cônego José Maria é natural de Três Pontas, no Sul de Minas e se preparou para a carreira eclesiástica nos seminários de Campanha e Guaxupé, havendo-se ordenado em 17 de novembro de 1929. Exerceu seu **munus** sacerdotal, primeiramente, em Conceição da Aparecida e, depois, nas cidades de Cássia, Arceburgo e Pratápolis, tudo no Estado de Minas Gerais.

Suas faculdades mediúnicas começaram a manifestar-se quando, ainda criança, ao receber uma goiaba que a preta velha Tia Rita lhe dava de presente, **sentiu** que a humilde criatura estava prestes a falecer.

Comunicou à sua mãe o pressentimento, mas ela se mostrou desinteressada do assunto. Decorrido alguns dias, morria Tia Rita.

Certa feita, em gozo de férias, foi passar uns dias com a família, em Três Pontas. Ao encostar a mão na de sua irmã Maria, **sentiu** que ela ia morrer. Nada lhe disse, entretanto. Fez a viagem de volta à paróquia. A idéia fúnebre não lhe saía da cabeça. Tomou um jipe e regressou a Três Pontas, para revelar o vaticínio aos parentes. Superstição — alegaram todos. Resolveu, então, fazer uma visita à irmã, que morava em casa próxima. Encontrou-a alegre e tranqüila. Palestraram até a meia-noite. "De madrugada, Maria Antonieta Luz Gomes teve uma embolia cerebral e morreu".

Noutra oportunidade, encontrou, em Araxá, uma jovem conhecida, que estava noiva de um médico.

Não pôde conter-se e disse-lhe:

— Você não vai casar com o seu noivo!

— Por quê, padre Luz?

— Ele vai morrer num desastre de automóvel.

Foi o que realmente aconteceu. O rapaz perdeu a vida num acidente de trânsito entre Araxá e Barreiro.

Ao atender a uma consulente que se queixava de forte dor de cabeça, o virtuoso cura **sentiu** que ela era noiva e, num impulso irresistível, vaticinou:

— Você irá se casar, mas não com o seu noivo atual. Ficará esperando por ele no altar, no dia de núpcias, mas ele não comparecerá. O seu futuro marido será um rapaz claro, chamado José.

A moça contraiu casamento, realmente, com o José e o casal passou a viver, feliz em Passos.

Na cidade de Itaú, o sacerdote encontrou dois jovens e "descobriu" que eram noivos.

— Meu rapaz, você não vai se casar com sua noiva. Sabe o que acontecerá? Você vai ser padre.

O rapaz, surpreso, protestou:

— Ora, padre Luz, sou católico, mas vou-me casar, sim senhor.

O matrimônio não se realizou. O ex-noivo, hoje, é padre.

O cônego José Maria declarou, textualmente, aos seus entrevistadores:

— Para mim é uma tortura andar numa rua movimentada ou entrar numa loja qualquer. Os problemas de cada um surgem como num filme. É horrível, simplesmente horrível.

Acrescenta que, "há algum tempo, tinha necessidade de tocar na pessoa para **ver** alguma coisa. Depois não precisou mais disso. Olhar era o bastante. E a morte passou a despertá-lo, através de uma cor que não sabe definir, se bordô ou vermelha. E muitas vezes tem visto o colorido nas pessoas e, quando isso ocorre, a morte é infalível".

Não se trataria, no caso, de uma "leitura da aura"?

Confirma-se, assim, que "a mediunidade não é privilégio do Espiritismo", como salienta o confrade Wladimir Cabral de Araújo, que nos forneceu uma cópia xerográfica da mencionada reportagem, por cujo obséquio vai aqui o nosso sincero agradecimento.

(Fonte: **Correio Fraterno do ABC** — S. Bernardo do **Campo-SP).**

CHICO XAVIER: O MEDIANEIRO DA ESPERANÇA!

João Duarte de Castro

Não se pode falar em Mediunidade sem se lembrar, imediatamente, de Francisco Cândido Xavier, no Brasil. De fato, o sublime medianeiro entre o Céu e a Terra, mensageiro da esperança e porta-voz da imortalidade da Alma, é a mais pura expressão da faculdade mediúnica. Se é bem verdade que todas as criaturas possuem em maior ou menor grau um potencial mediúnico,. Chico é portador desse dom em sua mais profunda expressão, com toda a mais cristalina pureza e sensibilidade.

O missionário da Comunicação com o plano espiritual desde tenra idade convive com o fenômeno mediúnico, tratando com entidades da outra dimensão com naturalidade, como se nada houvesse a separá-los, como se todos pertencessem ao mesmo círculo de encarnados.

Quando sua mãe Dona Maria João de Deus desencarnou, Chico contava apenas cinco anos de idade física e seu pai, impossibilitado de criar os filhos, entregou-os aos cuidados de diferentes pessoas. Chico, assim, foi confiado a sua madrinha, de nome Ritinha, que muito o maltratou durante cerca de dois anos, período em que permaneceu sob sua custódia. A mulher era muito nervosa e submeteu-o aos maiores sofrimentos e castigos corporais o que, afinal, serviu para burilar a Alma do humilde e resignado menino, preparando-o para o cumprimento de sua gloriosa missão. Quando maiores eram os suplícios e o desespero ameaçava quebrantar o ânimo do garotinho Chico, ia ele para os fundos do quintal e recebia visitas de sua mãe, seu Anjo tutelar, que lhe aconselhava paciência e resignação. Embora sem entender muito bem o significado de tais encontros, uma vez que sua mãe não mais pertencia a este mundo, a criança achava muito natural encontrar-se com Dona Maria João de Deus e com ela conversar demoradamente.

— — —

Em 1922, contando Chico 12 anos de idade, cursava ele o 4.º ano primário no Grupo Escolar "São José", em Pedro Leopoldo. Muitas vezes, durante as aulas, o menino Chico via e ouvia os Espíritos ou sentia sua mão ser guiada enquanto escrevia. Neste ano, o Governo de Minas Gerais, em homenagem ao Centenário da Independência, instituiu prêmios a alunos do Curso Primário que apresentassem as melhores composições sobre o Brasil. A professora de Chico, Dona Rosália Laranjeira, marcara uma prova sobre tema patriótico.

Neste dia, quando Chico ia começar a escrever sobre o assunto, viu a seu lado um homem que passou a lhe ditar o que deveria escrever. Com toda a lealdade, o aluno achou de seu dever informar à professora sobre o que estava ocorrendo. Ela, então, naturalmente supondo que o menino estivesse divagando, indagou o que o tal homem estava mandando que ele escrevesse. Chico leu o que já escrevera: "O Brasil, descoberto por Pedro Álvares Cabral, pode ser comparado ao mais precioso diamante do mundo que logo passou a ser engastado na Coroa Portuguesa". Dona Rosália, fervorosa católica, empalideceu ao ouvir tão belas palavras saídas da composição de um simples aluno de quarto ano primário, mas disse ao Chico que prosseguisse. Resultado: Chico acabou sendo premiado por ter redigido a melhor composição. Seus colegas, enciumados, disseram que Chico havia "colado" e que seu texto não deveria ser considerado.

Para tirar a limpo o caso, a professora tentou armar uma cilada para o aluno que fizera tão brilhante redação. Sem avisá-lo previamente, chamou-o ao quadro-negro e passou-lhe uma composição que deveria ser feita ali mesmo de improviso e à frente da classe. O tema proposto foi: "O Grão de Areia". Mas o estranho homem torna a aparecer ao pequeno médium, toma-lhe a mão e escreve a giz no quadro-negro com toda a segurança: "Meus filhos, ninguém escarneça da Criação. O grão de areia é quase nada, mas parece uma estrela pequenina refletindo o Sol de Deus". E por aí continuou, fazendo mais uma belíssima redação a qual acabou por convencer a todos da justiça do prêmio conferido ao aluno Chico Xavier. Já então era Emmanuel falando e escrevendo pela portentosa mediunidade do simples e puro Chico, sem dúvida o maior médium enviado à Terra para abrir os olhos e os ouvidos dos homens para a realidade do mundo espiritual e dar ao mundo evidências da imortalidade da Alma.

— — —

No início de sua tarefa na Terra — e Chico já completou 60 anos de sublimes atividades mediúnicas — o médium exercia também a Mediunidade de efeitos físicos, tendo ficado célebres as reuniões que promoveu tanto em Pedro Leopoldo como em Uberaba.

Pessoas que tiveram o privilégio de presenciar tais encontros afirmam terem testemunhado inesquecíveis fenômenos.

Dentre os muitos relatos, conta-se uma passagem especialmente significativa: quando Chico estava em pequeno cômodo, recostado numa poltrona, entrando em transe, uma intensa luz começa a jorrar do médium inundando todo o ambiente da reunião. Para surpresa geral e alegria de todos, Emmanuel surge materializado de corpo inteiro, trajado à romana, com as estrelas do Cruzeiro do Sul resplandecendo em seu peito. Nessas reuniões ainda se materializavam André Luiz e Scheilla que aplicavam passes nos enfermos, deixando perfumadas as vasilhas com água.

— — —

O programa Hebe pela TV Bandeirantes de 20 de dezembro de 1985 entrevistou Francisco Cândido Xavier, levando para todo o Brasil momentos da mais pura emoção. Durante este "Especial de Natal" foi lembrada a extraordinária capacidade que tem o medianeiro de estabelecer contacto com os emissários de Jesus, através do intercâmbio espiritual.

Dentre as muitas questões abordadas, foi perguntado ao Chico se ele via algum significado especial no nome de Jesus. Respondendo, Chico teve oportunidade de contar como se processam, clara e naturalmente, seus contactos com as entidades do Plano Maior.

Conforme o relato do médium, entre os anos de 1953 e 1959 estava ele ainda em Pedro Leopoldo e fazia parte de um grupo assistencial, juntamente com outros companheiros. Visitando as casas dos mais necessitados na periferia da cidade, levavam bolos, balas e oração aos doentes. Nessa época Chico conheceu Valéria, moça hemiplégica e muda, irmã de Laura, uma das assistidas. Durante seis anos consecutivos prosseguiram levando doces e guloseimas e sempre orando com Valéria.

Certa vez a moça foi acometida de febre alta, conseqüência de forte gripe, às portas de uma pneumonia. Nesse dia, após a prece, Chico insistiu para que Valéria se lembrasse de que Jesus curava os enfermos. Ela deveria mentalizar as curas do Mestre e imaginar-se andando. E o médium insistiu para que Valéria pronunciasse o nome de Jesus. A moça, com sua dicção imperfeita, pronunciou a custo: "Zo-zu-zo! Zozuzo!" Todos ficaram muito alegres, e logo imaginaram que ela ficaria boa. Entretanto, no dia seguinte Chico e os companheiros foram chamados porque Valéria havia partido para o mundo espiritual.

Passaram-se os anos. Em 1976 Chico foi vítima de enfarte. Passou então vinte dias de repouso absoluto em sua residência, sob os cuidados de uma enfermeira zelosa de suas atribuições. Era proibida a visita dos encarnados, mas, naturalmente, não dos desencarnados.

E Chico passou a receber as visitas dos amigos do plano espiritual à tarde e à noite. Ele conversava em voz alta com as entidades que o visitavam, de tal modo que a enfermeira às vezes imaginava estar Chico delirando.

Uma tarde, entrou no quarto do enfermo uma moça morena muito bonita. Chico pediu a ela para que se sentasse. A moça esclareceu que era uma de suas amizades de Pedro Leopoldo. Chico pediu-lhe que falasse o sobrenome da família porque ele havia tido um problema circulatório e sua memória não estava boa, procurando assim se justificar por não se recordar da moça. A moça, então, disse-lhe: "Vou pronunciar apenas um nome: "Zozuzo!" Imediatamente Chico lembrou-se de Valéria e ficou muito sensibilizado.

Em seguida, a moça colocou a mão sobre seu coração, dizendo que vinha lhe trazer confiança em Jesus, e a dor desapareceu. Assim Chico, muito emocionado com esta lembrança, encareceu a importância do nome de Jesus.

PREMONIÇÕES

Antonio F. Rodrigues

> "O corpo estando adormecido, o Espírito trata de quebrar as suas cadeias para investigar no passado ou no futuro". **O Livro dos Espíritos,** ítem 402.

Uma das questões mais intrincadas é a das premonições! Como é que uma pessoa vê cenas de fatos que ainda não aconteceram? Essa é uma pergunta que sempre nos fizemos, mas sem obter resposta satisfatória.

Um dia, porém, lendo o "Recordações da Mediunidade", de Yvonne A. Pereira, encontramos o que procurávamos: a explicação de como se processa o fenômeno premonitório. A autora, aliás, diz que tal assunto não foi objeto de divulgação através dos livros espíritas, daí ter perguntado ao seu mentor, sobre o mesmo. E Charles, com o seu proverbial conhecimento, em pouco mais de duas páginas, numa síntese magistral, esclarece a contento, tão complexo fenômeno.

Realmente, a questão nos deixava confuso! Como é que poderíamos ver uma coisa que ainda não tinha acontecido? Vamos citar um caso (1) como exemplo: Rien Dykshoorn, clarividente holandês (naturalizado americano), quando tinha cinco anos, viu através do vidro de uma ja-

---

(1) **Folha da Tarde,** 27-5-78.

nela, uma pessoa enforcar-se, e correu a contar ao seu pai o sucedido, o que lhe acarretou severo castigo, por estar inventando coisas macabras. Quinze dias após, o fato aconteceu, tal qual ele tinha descrito.

Essa visão pode ser explicada como sendo uma cena projetada pelo seu mentor, para noticiar o evento prestes a suceder. O referido mentor viu esse quadro na mente do infeliz suicida, quando o mesmo arquitetava matar-se. Outras hipóteses também existem, como a de que os Espíritos guardiães, que têm cursos especializados sobre as leis de "causa e efeito", podem prever matematicamente, baseados nas sementeiras, aquilo que se colherá, seja por uma pessoa ou uma coletividade. E desde que a premonição seja útil, esses Espíritos transmitem aos médiuns as imagens daquilo que ocorrerá num futuro próximo ou distante.

Yvonne A. Pereira, no livro mencionado, relata vários casos de premonição, devidamente comprovados, alguns ocorridos com ela mesma. Informando-nos ainda que os acontecimentos de ordem planetária também podem ser previstos pelos Espíritos superiores, responsáveis pelo destino de um planeta, divulgando-os através dos profetas, com antecipação de séculos e até milênios. Entretanto, devemos ter muito cuidado devido aos falsos profetas.

Allan Kardec nos ensina que todo profeta que menciona datas, em suas profecias, não deve merecer confiança. Vamos a um exemplo positivo (2): Edgar Cayce diz que a Atlântida vai emergir até o fim deste século e em conseqüência muitas terras submergirão, entre elas a costa leste dos EE.UU. e parte do continente sul americano. Vemos neste caso, que ele não cita o dia e sim "até o fim deste século". E isso ele disse há muitos anos. Aliás, esse sonâmbulo nunca mercantilizou a sua faculdade, inclusive com relação às curas que realizou (em torno de quinze mil), o que demonstra que se trata de uma pessoa digna de confiança. E ele não só curou e profetizou, como também deixou vasto material para estudo.

---

(2) **O Clarim,** 15-8-78.

Ficam aí, portanto, alguns esclarecimentos a respeito de tão interessante assunto. Quem desejar conhecê-lo melhor, leia o livro que mencionamos. Ele é um repositório de importantes ensinamentos, obtidos no transcorrer de longos anos de experiências como médium de excepcionais qualidades.